D0672381

zacząć od ...
dzi o słowa,
i . Chodzi równocześ-
wowa . Państwa py-
z jednej strony
giej strony pew -
nnną zaraz na po-
twierdzają to, muszą
nia , które stało
giwania na Stolicy
aura / .

Giovanni Paolo II

con
Vittorio Messori

VARCARE
LA SOGLIA
DELLA
SPERANZA

ARNOLDO MONDADORI EDITORE

ISBN 88-04-39270-3

© 1994 Arnoldo Mondadori Editore S.p.A., Milano
I edizione ottobre 1994

Indice

Questo libro

Una telefonata

Per i colleghi – giornalisti e scrittori – che lavorano in televisione ho, naturalmente, stima. Proprio per questo non ho mai tentato di rubar loro il mestiere, malgrado inviti spesso rinnovati. Mi pare, in effetti, che quelle parole che costituiscono la materia prima del nostro lavoro abbiano consistenza e impatto diversi se affidate alla «fisicità» della carta stampata o alla immaterialità di segnali elettronici.

Comunque sia, ciascuno è ostaggio della sua piccola storia: la mia, per quanto conta, è quella di chi ha conosciuto solo redazioni di giornali e di case editrici e non studi con telecamere, parchi-luce, scenografie.

Il lettore si tranquillizzi: non intendo andare oltre, in simili considerazioni da dibattito a un convegno di mass-mediologi; né desidero infliggere ad alcuno sfoghi autobiografici. Quanto detto, mi basta per far comprendere la sorpresa (con, forse, un sospetto di disagio) provocata da una telefonata, un giorno di fine maggio del 1993.

Come ogni mattina, scendendo nel mio studio, ripetevo fra me le parole di Cicerone: «*Si apud bibliothecam hortulum habes, nihil deerit*», che cos'altro ti manca, se hai una biblioteca che si apre su un piccolo giardino? Il periodo era particolarmente denso di lavoro: terminata la correzione delle bozze di un volume, mi ero immerso nella stesura finale di un altro. Intanto, c'erano da portare avanti le consuete collaborazioni giornalistiche.

Gli impegni, dunque, non mancavano. Ma non mancava neppure la gratitudine a Chi di dovere, perché mi permetteva di farvi fronte, giorno dopo giorno, nel silenzio solitario di quello studio sul lago di Garda, lontano da ogni palazzo importante: politico, culturale; e pure religioso. Non fu l'insospettabile Jacques Maritain, carissimo a Paolo VI, che – scherzando, ma forse non del tutto – raccomandò a chi voglia continuare ad amare, e magari a difendere, il cattolicesimo una frequentazione parca, misurata di certo «mondo cattolico»?

Ecco, però, che, quel giorno di primavera, nel rifugio appartato irruppe imprevista una telefonata. Era il direttore generale della RAI. Premesso che conosceva la mia indisponibilità a programmi televisivi, visti i rifiuti precedenti, mi avvisava tuttavia che sarebbe giunta di lì a poco una proposta. E questa volta, ammoniva, «non avrei potuto rifiutare».

In effetti, seguirono nei giorni successivi altre chiamate «romane». E il quadro, un po' allarmante, si precisò. Nell'ottobre di quel 1993 si sarebbero compiuti quindici anni del pontificato di Giovanni Paolo II. Per l'occasione, il Santo Padre aveva accettato la proposta della RAI di un'intervista televisiva. Sarebbe stata in assoluto la prima, in quella storia del papato dove, in tanti secoli, era successo di tutto. Di tutto: ma mai che un Successore di Pietro sedesse davanti alle telecamere per rispondere all'incalzare, per un'ora, di domande lasciate, per giunta, alla completa autonomia dell'intervistatore.

Trasmesso in anteprima dalla rete principale della televisione italiana la sera stessa in cui ricorreva l'anniversario dei quindici anni, il servizio sarebbe stato subito riproposto dai maggiori network mondiali. Mi si diceva che si era deciso di far condurre l'intervista dal sottoscritto perché si seguiva quanto da anni andava scrivendo in libri e articoli su temi religiosi; con la libertà del laico, ma al contempo con la solidarietà del credente, consapevole che la Chiesa non è stata affidata solo al clero ma ad ogni battezzato: seppur a ciascuno al proprio livello e con il proprio compito.

In particolare, non era sfuggito il dibattito vivace – ma anche il buon esito pastorale, il positivo impatto sulla Chiesa intera, con una diffusione di massa in molte lingue – di *Rapporto sulla fede*. È il libro che avevo pubblicato nel 1985, dando conto di alcuni giorni di colloquio con il più stretto collaboratore teologico del Papa, il cardinale Joseph Ratzinger, Prefetto dell'ex Sant'Offizio, ora Congregazione per la dottrina della fede. Intervista che costituiva anch'essa una novità, e senza precedenti, per una istituzione entrata da secoli nella leggenda (spesso «nera», anticlericale) per il silenzio e il segreto, infranti, per la prima volta, da quel libro.

Per tornare al '93, annoterò soltanto – per ora – che la fase di preparazione (condotta con discrezione, tanto che nessuna notizia giunse alle orecchie dei giornalisti) comprese pure un incontro con Giovanni Paolo II a Castelgandolfo.

Qui, con il rispetto doveroso, ma con una franchezza che, forse, allarmò qualcuno dei presenti (non però il padrone di casa, manifestamente grato della filiale semplicità), ebbi modo di spiegare quali intenzioni mi avessero guidato nell'abbozzare un primo schema di domande. In effetti, un «Faccia lei!» era stata la sola indicazione che mi era stata data.

Un imprevisto

Il Papa stesso, tuttavia, non aveva tenuto conto di quanto implacabile fosse il carico degli impegni programmati per settembre, termine ultimo per effettuare le riprese e concedere a regista e tecnici il tempo necessario per «lavorare» il materiale prima della messa in onda. Mi dicono ora che l'agenda di lavoro del Pontefice, per quel mese, occupava trentasei fitte pagine stampate con il computer.

Erano appuntamenti tanto eterogenei quanto impegnativi: oltre ai viaggi in due diocesi italiane (Arezzo ed Asti), c'era la prima visita di un imperatore del Giappone a un Pontefice romano; c'era la prima visita in territori ex sovietici, Lettonia, Lituania, Estonia (con la necessità di impratichirsi almeno un poco in quelle ostiche lingue: dovere imposto al Papa dal suo zelo pastorale, dalla sua ansia di «farsi capire» nel riproporre il Vangelo a tutti i popoli del mondo).

Risultò, insomma, che a quelle due «primizie» – nipponica e baltica – non c'era possibilità di aggiungerne una terza, televisiva. Tanto più che la disponibilità di Giovanni Paolo II si era spinta sino a promettere quattro ore di riprese, in modo da concedere al regista (il ben noto e apprezzato cineasta italiano Pupi Avati) di scegliere il meglio per l'ora televisiva. Tutto sarebbe poi confluito in un libro, completando così l'intenzione pastorale e catechetica che aveva indotto il Papa ad accettare il progetto.

Ma quel cumulo di lavoro di cui si diceva gli impedì, all'ultimo momento, di realizzarlo.

Quanto a me, tornavo sul lago caro a Catullo e a Virgilio a riflettere, come al solito, sugli stessi temi dei quali avrei dovuto conversare con il Pontefice, ma nella quiete della mia biblioteca.

Quel Pascal, il cui ritratto sorveglia la scrivania su cui lavoro, non ha forse scritto: «Tutti i guai degli uomini derivano dal non sapere starsene tranquilli nella loro stanza»?

Il progetto in cui ero stato coinvolto non lo avevo cercato; e, comunque, non era certo un «guaio»: ci mancherebbe! Eppure, non nascondo che mi aveva messo in qualche difficoltà.

Innanzitutto, da credente, mi chiedevo se fosse davvero opportuno che il Papa concedesse interviste, per giunta televisive. Non rischiava così (al di là di ogni sua generosa intenzione, ma venendo necessariamente coinvolto dal meccanismo implacabile del *media-system*) di confondere la sua voce nel caotico rumore di un mondo che tutto banalizza e spettacolarizza, che su tutto accumula opinioni contrastanti e chiacchiere inesauste? Era opportuno che anche un Supremo Pontefice romano si adeguasse al «secondo me» del colloquio con un cronista, abbandonando il solenne «Noi» in cui risuona la voce del mistero millenario della Chiesa?

Erano domande che non mancai non solo di farmi, ma anche – pur rispettosamente – di fare.

Al di là di simili questioni «di principio», feci presente che la competenza che potevo avere acquisito, in tanti anni di lavoro nell'informazione religiosa, non bastava probabilmente a compensare l'handicap della mia inesperienza del mezzo televisivo. Specialmente, poi, in una simile occasione, la più impegnativa pensabile per un giornalista.

Ma pure su questo punto si contrapposero ragioni alle mie.

X

In ogni caso, l'operazione «Quindici anni di papato in TV» non si era realizzata: era presumibile che, passata l'occasione dell'anniversario, non se ne parlasse più. Dunque, potevo tornare a far crepitare i tasti della mia macchina da scrivere e a seguire con doverosa attenzione la parola del Vescovo di Roma, ma – come avevo fatto sino ad allora – attraverso gli *Acta Apostolicae Sedis*.

Una sorpresa

Passarono alcuni mesi. Ed ecco, un giorno, un'altra telefonata – ancora una volta del tutto imprevista – dal Vaticano. In linea, il direttore della Sala Stampa della Santa Sede, quell'efficiente quanto cordiale, amichevole psichiatra spagnolo passato al giornalismo, Joaquín Navarro-Valls, che era stato tra i più convinti sostenitori dell'opportunità dell'intervista.

Navarro era latore di un messaggio che (mi assicurava) aveva colto di sorpresa lui per primo. Il Papa, cioè, mi mandava a dire: «Anche se non c'è stato modo di risponderle di persona, ho tenuto sul tavolo le sue domande. Mi hanno interessato, credo che occorra non lasciarle cadere. Così, ci ho riflettuto e, da qualche tempo, nei pochi momenti che i miei impegni mi concedono, mi sono messo a rispondere per iscritto. Lei mi ha posto dei quesiti, dunque ha in qualche modo diritto ad avere delle risposte... Ci sto lavorando. Gliele farò avere. Poi, faccia come crede più opportuno».

Insomma: ancora una volta Giovanni Paolo II confermava quella fama di «Papa delle sorprese» che lo accompagna sin dalla sua elezione, che aveva spiazzato ogni previsione.

Fu così che, un giorno di fine aprile di questo 1994 in cui scrivo, accoglievo nella mia casa il dottor Navarro-Valls il quale, dalla valigetta, estraeva una grande busta bianca. Dentro, vi era il testo annunciatomi, uscito di getto dalle mani stesse del Papa. Il quale – a marcare ancor più la passione con cui aveva vergato le pagine – aveva sottolineato con vigorosi colpi di penna moltissimi punti: sono quelli che il lettore troverà in corsivo, secondo l'indicazione stessa dell'Autore. Allo stesso modo, sono stati conservati gli stacchi bianchi che ha spesso introdotto tra un paragrafo e l'altro.

Il titolo stesso del libro è di Giovanni Paolo II. Lo aveva scritto di persona sulla cartellina che conteneva il testo, pur precisando che si trattava solo di un'indicazione e lasciando dunque agli editori libertà di mutarlo. Se si è deciso di conservarlo così com'era, è anche perché ci si è accorti che quel titolo identificava perfettamente il «cuore» del messaggio che queste pagine intendono proporre all'uomo contemporaneo.

Questo doveroso rispetto di un testo dove ogni parola conta, mi ha ovviamente guidato pure nel lavoro richiestomi di editing, dove mi sono limitato a cose come la traduzione, tra parentesi, delle espressioni latine; a ritocchi della punteggiatura, talvolta affrettata; al completamento dei nomi di persona (ad esempio: Yves Congar dove il Papa, per brevità, aveva scritto solo Congar); alla proposta di un sinonimo dove una parola ricorre nella stessa frase; alla modifica di alcune – rare – imprecisioni della traduzione dall'originale polacco. Minuzie, dunque, che non hanno in alcun modo toccato i contenuti.

Il lavoro più rilevante è consistito nell'introdurre nuove domande là dove il testo lo richiedeva. In effetti, quel mio schema sul quale Giovanni Paolo II ha lavorato con diligenza sorprendente (e anche l'avere preso così sul serio un cronista sembra una riprova – se mai ce ne fosse bisogno – della sua umiltà, della sua generosa disponibilità alle voci di noi, «gente della strada»), quello schema, dunque, comprendeva venti quesiti. Nessuno dei quali – sarà bene ribadirlo – mi è stato suggerito da qualcuno; e nessuno dei quali è stato messo da parte, o in qualche modo «adattato», da colui cui erano rivolti.

Erano comunque decisamente troppi, e troppo vasti, per un'intervista televisiva, seppur ampia. Rispondendo per iscritto, il Papa ha potuto dilungarsi, suggerendo egli stesso – nell'andamento della risposta – nuovi problemi. I quali presupponevano, dunque, una domanda *ad hoc*. Per rifarci a un solo caso: i giovani, che non rientravano nello schema e ai quali – a conferma ulteriore della sua predilezione per loro – ha voluto dedicare pagine tra le più belle, dove vibra commossa la sua esperienza di giovane pastore tra la gioventù di una patria tanto amata.

Per comodità del lettore interessato a certi temi più che ad altri (anche se il nostro consiglio è di leggere nella sua interezza questo testo, davvero «cattolico» pure nel senso che, in esso, *tout se tient* e tutto è inserito in una prospettiva organica), a ciascuna delle trentacinque domande ho apposto un breve titolo che ne individui i contenuti. Anche se in modo talvolta approssimativo, visti gli squarci imprevisti aperti qua e là dal Papa verso tematiche diverse. È un'altra conferma del *pathos* che percorre un discorso che pure è calato ovviamente nel «sistema» dell'ortodossia cattolica, malgrado la più generosa «apertura» postconciliare.

Comunque, il testo è stato riesaminato e approvato dall'Autore stesso nella versione che viene pubblicata qui in italiano, mentre in contemporanea escono – esemplate su questa – le traduzioni nelle principali lingue del mondo.

Tanto era doveroso precisare, a garanzia del lettore: la voce che qui risuona – nella sua umanità, ma anche nella sua autorevolezza – è tutta e solo del Successore di Pietro. Così che sembra opportuno parlare non tanto di un'«intervista» quanto di un «libro scritto dal Papa», seppure stimolato da una serie di domande. Sarà poi compito dei teologi e degli esegeti del magistero pontificio affrontare il problema della classificazione di un testo che non ha precedenti e pone, dunque, prospettive inedite nella Chiesa.

A proposito di cura editoriale: da qualche parte mi si proponeva un intervento massiccio, con commenti, osservazioni, spiegazioni, citazioni da encicliche, da documenti, da discorsi. Mi sono invece battuto per il massimo di discrezione, limitandomi a questa nota editoriale che spiegasse come erano andate le cose (così «strane» nella loro semplicità), senza allentare, con intrusioni inopportune, la straordinaria novità, la sorprendente tensione, la ricchezza teologica che caratterizzano queste pagine.

Pagine che, ne sono certo, parlano da sole. E che non hanno altra intenzione che religiosa; che null'altro si propongono se non ribadire – con il genere letterario «intervista» – l'impegno di maestro di fede, di apostolo del Vangelo, di padre e al contempo di fratello universale del Successore di Pietro. In lui, solo i cristiano-cattolici vedono il Vicario di Cristo; ma la sua testimonianza di verità, il suo servizio nella carità si estendono a ogni uomo, come mostra anche il prestigio indiscusso che la Santa Sede ha sempre più acquisito sulla scena mondiale. Non vi è oggi popolo che riacquisti libertà o indipendenza che non decida – fra i primi atti della sua sovranità – di inviare un rappresentante a Roma, *ad Petri Sedem*. E ciò, ben prima di ogni considerazione politica, per un bisogno quasi di legittimità «spirituale», di esigenza «morale».

Una questione di fede

Posto di fronte alla responsabilità non lieve di stabilire una serie di domande per le quali mi si lasciava completa libertà, decisi subito di scartare quei temi politici, sociologici o anche «clericali», da «burocrazia ecclesiastica», che costituiscono la quasi totalità della informazione (o disinformazione) sedicente «religiosa» che circola in tanti *media*; e non soltanto «laici».

Se mi è lecito riprendere qualche brano da un appunto di lavoro che sottoposi a chi mi aveva coinvolto nel progetto: «Il tempo di questa occasione davvero unica non dovrebbe essere bruciato dalle consuete domande da "vaticanologo". Prima, ben prima del "Vaticano", stato – seppur minuscolo e anomalo – tra gli stati; prima dei soliti, necessari ma derivati e forse devianti discorsi sulle scelte dell'istituzione ecclesiastica; prima dei dibattiti su controverse questioni morali; prima di tutto questo viene la fede. Vengono le sue certezze e le sue oscurità; viene la crisi da cui sembra insidiata; viene la sua possibilità stessa, oggi, in culture che giudicano provocazione, fanatismo, intolleranza, il sostenere che non esistono soltanto opinioni, ma che esiste ancora una Verità, con la maiuscola. Insomma, è opportuno approfittare della disponibilità del Santo Padre per saggiare il problema delle "radici", di ciò su cui tutto il resto si basa; e che, invece, sembra messo da parte, spesso all'interno della Chiesa stessa, quasi non si volesse o non si potesse affrontarlo».

Continuavo, in quell'appunto: «Per dirla, se è lecito, con una battuta: non interessa, qui, il problema tutto clericale – ed è "clericale" anche certo laicismo – dell'arredamento delle stanze vaticane: se "classico" (conservatori), o "moderno" (progressisti).

«Né interessa un Papa che molti vorrebbero ridotto a presidente di una sorta di Agenzia mondiale per l'etica o per la pace o per l'ambiente; un Papa garante del nuovo dogmatismo (più soffocante di quello di cui sono sospettati i cattolici) del *politically correct*; un Papa ripetitore dei conformismi via via di moda. Interessa, invece, sondare se sono tuttora salde le fondamenta di fede sulle quali poggia il palazzo ecclesiale. Il quale ha rilevanza e legittimità solo se basato ancora sulla certezza della Risurrezione di Cristo. Quindi, sin dall'inizio della conversazione, occorrerebbe mettere in rilievo l'enigma "scandaloso" che il Papa, in quanto tale, rappresenta: non, innanzitutto, un Grande tra i Grandi della terra, ma il solo uomo nel quale altri uomini vedono un legame diretto con Dio, scorgono il "vice" stesso di Gesù Cristo, Seconda Persona della Trinità.»

Aggiungevo, infine: «Di sacerdozio alle donne, di pastorale per omosessuali o divorziati, di strategie geopolitiche vaticane, di scelte sociopolitiche dei credenti, di ecologia e di sovrappopolazione, così come di tante altre questioni, si può, anzi si deve discutere: e a fondo. Ma solo dopo aver ritrovato una gerarchia delle cose (spesso capovolta, oggi, persino in ambienti cattolici), che metta al primo posto la domanda semplice e terribile: ciò che i cattolici credono, e di cui il Papa è il Supremo Garante, è "vero" o "non è vero"? Il Credo cristiano è ancora accettabile alla lettera? o è da mettere sullo sfondo, come una sorta di vetusta seppur nobile tradizione culturale, di orientamento sociopolitico, di scuola di pensiero e non più come una certezza di fede in una prospettiva di vita eterna? Dibattere – come si fa – su questioni morali (dall'uso del preservativo alla legalizzazione dell'eutanasia) senza prima affrontare il tema della fede e della sua verità è inutile, anzi fuorviante. Se Gesù non è il Messia annunciato dai profeti, può importarci davvero del "cristianesimo" e delle sue esigenze etiche? Può interessarci sul serio l'opinione di un Vicario di Cristo, se non si crede più che Gesù è risorto e che – servendosi innanzitutto di quest'uomo vestito di bianco – guida la Sua Chiesa fino a quando non ritorni nella gloria?».

Devo riconoscere che non ho certo dovuto insistere per fare accettare una simile impostazione. Al contrario: ho trovato subito il pieno accordo, la sintonia completa dell'Interlocutore della conversazione. Il quale, durante il nostro incontro a Castelgandolfo, assicurandomi di avere esaminato la prima bozza di domande che gli avevo inviato, mi confermava di avere accettato l'intervista solo nella prospettiva del suo dovere di successore degli apostoli; solo per cogliere un'occasione ulteriore per rilanciare il *kérygma*, l'annuncio sconvolgente su cui tutta la fede si fonda: «Gesù è il Signore; in Lui soltanto vi è salvezza: oggi, come ieri e sempre».

È in questa prospettiva che va dunque vista e giudicata la scelta del mezzo «intervista» che mi aveva lasciato (per quel che conta) inizialmente perplesso. Un Papa, questo, impaziente nella sua ansia apostolica; un Pastore al quale le vie consuete sembrano sempre insufficienti; che cerca ogni mezzo per far giungere agli uomini la Buona Notizia; che – evangelicamente – vuole gridare dai tetti (oggi gremiti di antenne televisive), che la Speranza c'è, che è fondata, che è offerta a chiunque voglia accettarla. Insomma, anche il colloquio con un giornalista è valutato da lui nella linea del Paolo della Prima ai Corinti: «Mi sono fatto tutto a tutti, per salvare ad ogni costo qualcuno. Tutto faccio per il vangelo, per diventarne partecipe con loro» (9,22-23).

In questa temperie si dilegua ogni astrattezza: il dogma si tramuta in carne, sangue, vita. Il teologo si fa testimone e pastore.

Don Karol, parroco del mondo

È da una simile tensione «kerygmatica», da primo annuncio, da «nuova evangelizzazione», che sono nate le pagine che seguono. Affrontandole, il lettore si accorgerà perché non abbia voluto aggiungere mie irrilevanti note di commento a parole già così cariche di significato, spinte quasi ad impennarsi dalla passione. Proprio quella *passion de convaincre* che, stando a Pascal, dovrebbe essere il segno distintivo di ogni cristiano; e che, in ogni caso, marchia in profondo questo «Servo dei servi di Dio».

Per lui, il Dio di Gesù Cristo non solo, ovviamente, c'è, vive, opera: ma è anche, innanzitutto, Amore; mentre, per l'illuminismo e il razionalismo che hanno contaminato persino certa teologia, Dio è l'impassibile Grande Architetto che è, innanzitutto, Intelletto. Un grido sopra ogni altro quest'uomo – servendosi anche delle pagine qui raccolte – sembra voler far giungere a ciascun uomo: «Renditi conto che, chiunque tu sia, sei amato! Ricordati che il Vangelo è un invito alla gioia! Non dimenticare che hai un Padre e che ogni vita, anche la più insignificante per gli uomini, ha un valore eterno e infinito ai Suoi occhi!».

Mi diceva un teologo esperto, una tra le pochissime persone che abbiano avuto modo di scorrere questo testo ancora in manoscritto: «Qui, si ha una rivelazione – in diretta, senza schemi né filtri – dell'universo religioso e intellettuale di Giovanni Paolo II e, di conseguenza, una chiave di lettura e di interpretazione dell'intero suo magistero».

Azzardava, persino, lo stesso teologo: «Non solo i commentatori attuali, ma anche gli storici futuri non potranno far a meno di rifarsi a queste pagine per comprendere il primo papato polacco. Vergate di getto – con quella che qualche pavido potrebbe temere come "impulsività", magari come una pur generosa "imprudenza" – ci consegnano in modo straordinariamente efficace non solo la mente, ma anche il cuore dell'uomo cui si devono tante encicliche, tante lettere apostoliche, tanti discorsi. Tutto, qui, trova la sua radice: è un documento, dunque, per l'oggi, ma anche per la storia».

Mi confidava un collaboratore diretto del Pontefice che ogni omelia, ogni spiegazione del Vangelo – a ogni messa da lui celebrata – è tutta e sempre di sua mano, dall'inizio alla fine. Né si limita a mettere su carta alcuni appunti che fissino gli argomenti da sviluppare: scrive ogni parola, sia che si tratti della liturgia solenne per un milione di persone (o per un miliardo, come è avvenuto in certe riprese televisive) che dell'Eucaristia per pochi intimi, nella sua cappella privata. Giustifica questo impegno ricordando che il farsi strumento per consacrare il pane e il vino, per far giungere al peccatore il perdono di Cristo, ma pure per spiegare la Parola di Dio, è compito primario e ineludibile, non delegabile, di ogni sacerdote.

Così sembra aver considerato pure queste risposte. C'è, dunque, qui, anche una sorta di «predica», di «spiegazione del Vangelo» fatta da «don Karol, parroco del mondo».

Dico «anche», perché il lettore non troverà solo questo, bensì una combinazione singolare: ora di confidenza personale (emozionanti gli squarci sull'infanzia e la giovinezza nella terra natale), ora di riflessione e di esortazione spirituali, ora di meditazione mistica, ora di affondi sul passato e sul futuro, ora di speculazione teologica e filosofica.

Dunque, se tutte le pagine esigono lettura attenta (dietro il tono divulgativo, chi si soffermi un poco potrà scoprire una sorprendente profondità), alcuni passi vogliono particolare applicazione. Forti della nostra esperienza di lettori in anteprima, possiamo assicurare che ne vale del tutto la pena. Il tempo e l'attenzione investiti saranno ampiamente ripagati.

Si potrà constatare, tra l'altro, che il massimo di apertura (con slanci di grande audacia: si vedano, per esempio, le pagine sull'ecumenismo o quelle sull'escatologia, le «cose ultime») si accompagna sempre al massimo di fedeltà alla Tradizione. E che le braccia spalancate verso ogni uomo non sbiadiscono per nulla l'identità cattolica di cui Giovanni Paolo II è ben consapevole di essere garante e custode davanti a Cristo, «nel cui nome soltanto c'è salvezza» (cfr. *At* 4,12).

È ben noto che, nel 1982, lo scrittore e giornalista francese André Frossard pubblicava – scegliendo come titolo l'esortazione che è divenuta quasi il programma del pontificato: *Non abbiate paura!* – il resoconto di una serie di conversazioni con questo Papa.

Senza nulla, ovviamente, voler togliere a quel libro importante e ottimamente costruito, si può però osservare che si era, allora, agli inizi del servizio di Karol Wojtyła alla Sede di Pietro. Nelle pagine che seguono c'è invece tutta l'esperienza di quindici anni di pontificato, c'è il segno di ciò che è successo in questo tempo (ed è decisivo: si pensi solo al collasso del marxismo) nella vita sua, della Chiesa, del mondo. Ciò che non solo è rimasto intatto, ma pare addirittura moltiplicato (questo libro ne dà piena testimonianza) è la capacità progettuale, l'empito verso il futuro, il guardare avanti – il «terzo millennio cristiano» che sempre ritorna – con l'ardore e la sicurezza di un quarantenne.

Il servizio di Pietro

In una simile luce, ci si augura, tra l'altro, che avranno finalmente modo di ricredersi del tutto coloro che – sia fuori che dentro la Chiesa – giunsero a sospettare questo «Papa venuto da lontano» di «intenzioni restauratrici», di «reazione alle novità conciliari».

Al contrario: è continua, qui, la riconferma del ruolo provvidenziale di quel Concilio Vaticano II alle cui sedute (dalla prima all'ultima) l'allora giovane vescovo Karol Wojtyła partecipò con ruoli sempre più attivi e rilevanti. Per quella straordinaria avventura – e per ciò che ne è derivato alla Chiesa – Giovanni Paolo II non ha alcuna intenzione di «pentirsi», come dichiara a lettere decise, malgrado non nasconda problemi e difficoltà dovuti (se ne dice certo) non al Vaticano II, ma a sue interpretazioni affrettate quando non abusive.

Sia comunque ben chiaro che – davanti alla prospettiva tutta religiosa di queste pagine – mostrano una volta di più la loro totale inadeguatezza, il loro aspetto fuorviante, schemi come «destra-sinistra» o come «conservatore-progressista». La «salvezza cristiana», cui sono dedicate pagine tra le più appassionate, non ha nulla a che fare con simili angustie politiche che costituiscono purtroppo il solo metro di misura di tanti commentatori, condannati così – senza spesso neppure sospettarlo – a nulla comprendere della dinamica profonda della Chiesa. Le gabbie delle sempre mutevoli ideologie mondane sono lontanissime dalla visione «apocalittica» (nel senso etimologico di rivelazione, di svelamento del piano provvidenziale) che pervade il magistero di questo Pontefice e che anima pure le pagine che seguono.

Mi diceva un suo stretto collaboratore: «Per sapere chi sia davvero Giovanni Paolo II bisogna vederlo pregare, soprattutto nell'intimità della sua cappella privata». Può capire qualcosa di questo Papa (come, del resto, di ogni Papa) chi escluda ciò dalle sue analisi, anche se dall'apparenza sofisticata?

Il lettore constaterà che, in numerosi punti, non ho esitato ad adempiere al ruolo di «pungolo», di «stimolo», magari persino di rispettoso «provocatore». È un compito non sempre gradevole né agevole. Credo tuttavia che sia questo il dovere di ogni intervistatore, il quale – nel rispetto, naturalmente, di quella virtù cristiana che è l'autoironia, il sorriso davanti alla tentazione di prendersi troppo sul serio – deve cercare di esercitare una «maieutica»: che è, come si sa, la «tecnica della levatrice».

Ho avuto, del resto, l'impressione che il mio Interlocutore proprio questa «provocazione» si aspettasse, non certo piaggerie cortigiane: come dimostra la vivacità, la chiarezza, la sincerità spontanea delle risposte. Ne ho ricavato, talvolta, qualcosa che rassomiglia a un affettuoso «rimbrotto», magari a una paterna «contestazione». Sono grato pure di questo, che non solo conferma la generosa serietà con cui sono state accolte le domande; ma che ha anche portato il Santo Padre a darmi atto che – malgrado non fossero per lui condivisibili – quelle questioni, quei modi di porre i problemi, erano di tanti uomini del nostro tempo. Era dunque doveroso che il cronista tentasse di farsene portavoce, a nome di quei suoi «datori di lavoro» che sono i lettori.

Certo: con qualcosa di simile a ciò che gli spirituali chiamano «santa invidia» (e che, come tale, può non essere un «peccato», ma uno sprone benefico), davanti a certe risposte mi sono reso conto a pieno della sproporzione tra noi – piccoli credenti assediati da problemi alla nostra mediocre misura – e questo Successore di Pietro. Il quale – se è lecito esprimersi così – non ha bisogno di «credere»: per lui, in effetti, i contenuti della fede sono un'evidenza tangibile. Dunque, per quanto anch'egli ami Pascal (che cita), non ha bisogno di ricorrere ad alcuna «scommessa», non deve rassicurarsi rifacendosi a qualche «calcolo delle probabilità» sull'oggettiva verità del Credo.

Che il Dio che si è incarnato in Gesù Cristo viva, agisca, informi l'universo intero del Suo amore, il cristiano Karol Wojtyła in qualche modo lo sente, lo tocca, lo sperimenta: come ogni mistico, che è colui che ha ormai raggiunto l'evidenza. Ciò che per noi può essere un problema, per lui è un dato di fatto oggettivamente riscontrabile. Non ignora, da antico professore di filosofia, il travaglio della mente umana alla ricerca di «prove» della verità cristiana (a questo, anzi, dedica pagine tra le più dense), ma si ha l'impressione che, per lui, quegli argomenti non siano che ovvie conferme di una realtà scontata.

Anche in questo senso mi è sembrato davvero stare nella linea del Vangelo, adempiere alle parole di Gesù tramandateci da Matteo: «Beato te, Simone figlio di Giona, perché né la carne né il sangue te l'hanno rivelata, ma il Padre mio che sta nei cieli. E io ti dico: Tu sei Pietro e su questa pietra edificherò la mia Chiesa e le porte degli inferi non prevarranno contro di essa» (16,17-18).

Una pietra, una roccia alla quale aggrapparsi nell'ora della prova, in quelle «tempeste del dubbio», in quelle «notti oscure» che insidiano la nostra fede così spesso vacillante; il testimone – che non esita – della verità del Vangelo, dell'esistenza di un Mondo Altro, dove a ciascuno sarà dato il suo e nel quale a ciascuno, purché lo abbia voluto, sarà data pienezza eterna di vita.

Questo il servizio agli uomini che Gesù Cristo stesso ha affidato ad un uomo, facendolo Suo «Vicario»: «Simone, Simone, ecco Satana vi ha cercato per vagliarvi come il grano; ma io ho pregato per te, che non venga meno la tua fede; e tu, una volta ravveduto, conferma i tuoi fratelli» (Lc 22,31-32).

Questo il servizio adempiuto anche dall'attuale Successore di Pietro: il quale, dopo quasi venti secoli, è ancora tra coloro che «hanno visto la risurrezione» e che sanno che «quel Gesù è stato assunto in Cielo» (cfr. At 2,32). Ed è pronto a garantircelo con la sua vita stessa, in parole ma soprattutto in atti.

In questa mano ferma, tesa per rassicurarci; in questa riconferma, rispettosa quanto appassionata, dello «splendore della verità» (un'espressione che più volte ritorna, qui), mi è sembrato stare il dono maggiore offertoci da queste pagine.

A chi le ha lette per primo hanno fatto del bene, rassicurandolo e spronandolo a maggior coerenza, a cercare di trarre conseguenze più adeguate dalle premesse di una fede forse più teorizzata che praticata nella quotidianità della vita.

Non dubitiamo che, del bene, ne faranno a molti, adempiendo così alla sola intenzione che ha animato questo singolare Intervistato. Il quale – dal letto d'ospedale dove si trovava per una dolorosa frattura – assicurava di avere offerto un poco della sua sofferenza anche per i lettori di queste pagine, dove la parola che ricorre forse con maggiore frequenza, accanto a «speranza», è «gioia».

Sarà forse retorico dirgli che, pure per questo, gli siamo grati?

Vittorio Messori

Varcare la soglia della Speranza

1

Papa: uno scandalo e un mistero

Santità, la prima domanda vorrebbe andare alle radici.

Mi trovo davanti a un uomo vestito di bianco, con una croce sul petto. Non posso non constatare che quest'uomo, che chiamano Papa (padre, in greco), è in sé un mistero, un segno di contraddizione. Addirittura, una provocazione, uno «scandalo», secondo ciò che per molti è il buon senso.

In effetti, di fronte a un Papa bisogna scegliere. Il capo della Chiesa cattolica è definito dalla fede Vicario di Gesù Cristo. È considerato, cioè, l'uomo che sulla terra rappresenta il Figlio di Dio, che «fa le veci» della Seconda Persona del Dio trinitario. Questo afferma ogni Papa di se stesso. Questo credono i cattolici.

Tuttavia, secondo molti altri, questa è una pretesa assurda: per essi, il Papa non è il rappresentante di Dio. È, invece, il testimone sopravvissuto di antichi miti e leggende che l'uomo di oggi non può accettare.

Dunque, di fronte a Lei bisogna scommettere: o Lei è l'enigmatica testimonianza vivente del Creatore dell'universo, oppure è il maggiore responsabile di una millenaria illusione.

Se è lecito chiederlo: non ha mai esitato nella Sua certezza di un simile legame con Gesù e, dunque, con Dio? Mai si è posto domande e problemi sulla verità di quel Credo cristiano che a ogni messa ripete e che proclama una fede inaudita, di cui Ella è il garante più alto?

Vorrei cominciare con la spiegazione delle parole e dei concetti. La sua domanda, da un lato, è pervasa da una viva fede e, dall'altro, da una certa inquietudine. Devo constatarlo già al principio e, constatandolo, devo richiamarmi all'esortazione risuonata all'inizio del mio ministero sulla Sede di Pietro: «Non abbiate paura!».

Cristo rivolse molte volte questo invito agli uomini che incontrava. Questo disse l'Angelo a Maria: «Non avere paura» (cfr. *Lc* 1,30). Lo stesso a Giuseppe: «Non avere paura» (cfr. *Mt* 1,20). Cristo diceva così agli apostoli, a Pietro, in varie circostanze, e specialmente dopo la Sua Risurrezione. Ribadiva: «Non abbiate paura!». Sentiva infatti che avevano paura. Non erano certi se colui che vedevano fosse lo stesso Cristo che conoscevano. Ebbero paura quando venne arrestato, ebbero ancor più paura quando, risorto, apparve loro.

Le parole proferite da Cristo, le ripete la Chiesa. E, con la Chiesa, *le ripete anche il Papa.* Lo ha fatto sin dalla prima omelia in piazza San Pietro: «Non abbiate paura!». Non sono parole pronunciate a vuoto. Sono profondamente radicate nel Vangelo. Sono semplicemente le parole di Cristo stesso.

Di che cosa non dobbiamo aver paura? Non dobbiamo temere *la verità su noi stessi.* Pietro ne prese coscienza, un giorno, con particolare vivezza e disse a Gesù: «Signore, allontanati da me che sono un peccatore» (*Lc* 5,8).

Penso che non sia stato solo Pietro ad aver coscienza di questa verità. La rileva ogni uomo. La rileva ogni Successore di Pietro. La rileva in modo particolarmente chiaro colui che, adesso, le risponde. Ognuno di noi è *grato a Pietro* per ciò che disse quel giorno: «Signore, allontanati da me che sono un peccatore». Cristo gli rispose: «Non temere; d'ora in poi sarai pescatore di uomini» (*Lc* 5,10). *Non aver paura degli uomini!* L'uomo è sempre uguale. I sistemi che egli crea sono sempre imperfetti, e tanto più sono imperfetti quanto più egli è sicuro di sé. Da dove trae origine questo? Viene dal cuore dell'uomo. Il nostro cuore è inquieto. Cristo medesimo conosce meglio di tutti la nostra angoscia: «Egli sa quello che c'è in ogni uomo» (cfr. *Gv* 2,25).

Così, davanti alla sua prima domanda, desidero richiamarmi alle parole di Cristo e insieme alle mie prime parole in piazza San Pietro. E, dunque, «non aver paura» quando la gente ti chiama *Vicario di Cristo*, quando ti dicono *Santo Padre*, oppure *Vostra Santità*, o usano frasi simili a queste, che sembrano persino contrarie al Vangelo. Infatti, Cristo stesso affermò: «E non chiamate nessuno "padre" ... perché uno solo è il Padre vostro, quello del cielo. E non fatevi chiamare "maestri", perché uno solo è il vostro Maestro, il Cristo» (*Mt* 23,9-10). Tali espressioni, tuttavia, sono cresciute sulla base di una lunga tradizione. Sono entrate nel linguaggio comune, e non bisogna avere paura neppure di esse.

Tutte le volte che Cristo esorta a «non temere», ha sempre in mente sia Dio sia l'uomo. Vuol dire: *Non abbiate paura di Dio*, il quale, secondo i filosofi, è l'Assoluto trascendente. Non abbiate paura di Dio, ma invocateLo con me: «Padre nostro» (*Mt* 6,9). *Non abbiate paura di dire: Padre!* Desiderate persino di essere perfetti come lo è Lui, perché Egli è perfetto. Sì: «Siate voi dunque perfetti come è perfetto il Padre vostro celeste» (*Mt* 5,48).

Cristo è *il sacramento, il segno tangibile, visibile, del Dio invisibile.* Sacramento implica presenza. Dio è con noi. Dio, infinitamente perfetto, non soltanto è con l'uomo, ma Egli stesso si è fatto uomo in Gesù Cristo. *Non abbiate paura di Dio che si è fatto uomo!* È proprio questo ciò che Pietro disse nei pressi di Cesarea di Filippo: «Tu sei il Cristo, il Figlio del Dio vivente» (*Mt* 16,16). Indirettamente affermava: Tu sei il Figlio di Dio che si è fatto Uomo. Pietro non ebbe paura di dirlo, anche se tali parole non provenivano da lui. Provenivano dal Padre. «Soltanto il Padre conosce il Figlio e soltanto il Figlio conosce il Padre» (cfr. *Mt* 11,27).

«Beato te, Simone figlio di Giona, perché né la carne né il sangue te l'hanno rivelato, ma il Padre mio che sta nei cieli» (*Mt* 16,17). Pietro pronunciò queste parole in virtù dello Spirito Santo. E anche la Chiesa le pronuncia costantemente in virtù dello Spirito Santo.

Così, dunque, Pietro non ebbe paura di Dio che si era fatto uomo. *Ebbe paura, invece, per il Figlio di Dio come uomo.* Non riusciva ad accettare che Egli fosse flagellato e incoronato di spine e infine crocifisso. Pietro non poteva accettarlo. Ne aveva paura. E per questo Cristo *lo rimproverò* severamente. Tuttavia *non lo respinse.*

Non respinse quell'uomo che aveva buona volontà e cuore ardente. Quell'uomo che al Getsemani avrebbe impugnato anche la spada per difendere il suo Maestro. Gesù gli disse soltanto: «Satana vi ha cercato – ha cercato, dunque, anche te – per vagliarvi come il grano; ma io ho pregato per te ... tu, una volta ravveduto, conferma nella fede i tuoi fratelli» (cfr. *Lc* 22,31-32). Cristo non respinse Pietro, apprezzò la sua confessione nei pressi di Cesarea di Filippo e, con la potenza dello Spirito Santo, lo condusse attraverso la Sua Passione oltre lo stesso rinnegamento.

Pietro, come uomo, dimostrò di non essere capace di seguire Cristo dovunque, e specialmente fino alla morte. Dopo la Risurrezione, però, fu il primo che accorse, insieme a Giovanni, al sepolcro, per constatare che il corpo di Cristo non c'era.

Anche dopo la Risurrezione Gesù confermò a Pietro la sua missione. Gli disse in modo molto eloquente: «Pasci i miei agnelli ... Pasci le mie pecorelle» (*Gv* 21,15-16)! Ma prima gli domandò se Lo amava. Pietro, che aveva rinnegato Cristo, ma non aveva cessato di amarLo, poté rispondere: «Tu lo sai che ti amo» (*Gv* 21,15). Però non ripeté più: «Anche se dovessi morire con te, non ti rinnegherò» (*Mt* 26,35). *Non era più una questione solo di Pietro* e delle sue semplici forze umane, era divenuta ormai una questione dello Spirito Santo, promesso da Cristo a colui che avrebbe dovuto farne le veci sulla terra.

Infatti, il giorno della Pentecoste, Pietro parlò per primo agli israeliti riuniti e a coloro che erano giunti da varie parti, ricordando la colpa commessa da coloro che avevano inchiodato Cristo sulla croce e confermando la verità della Sua Risurrezione. Esortò anche alla conversione e al Battesimo. E dunque, grazie all'opera dello Spirito Santo, *Cristo poté fidarsi di Pietro*, poté *appoggiarsi a lui* – a lui e a tutti gli altri apostoli – come pure a Paolo, il quale allora era ancora un persecutore dei cristiani e odiava il nome di Gesù.

Su questo sfondo, uno sfondo storico, poco importano espressioni quali Sommo Pontefice, Vostra Santità, Santo Padre. Importa quello che scaturisce dalla Morte e dalla Risurrezione di Cristo. È importante ciò che proviene dalla potenza dello Spirito Santo. In questo campo Pietro, e con lui gli altri apostoli, e poi anche Paolo dopo la conversione divennero degli *autentici testimoni di Cristo, fino allo spargimento del sangue*.

In definitiva, Pietro è colui che non soltanto non ha più rinnegato Cristo, che non ha ripetuto il suo infausto: «Non conosco quell'uomo» (*Mt* 26,72), ma che *ha perseverato nella fede sino alla fine*: «Tu sei il Cristo, il Figlio del Dio vivente» (*Mt* 16,16). In questo modo è diventato la «roccia», anche se come uomo, forse, non era che sabbia mobile. *Cristo stesso è la roccia*, e Cristo edifica la Sua Chiesa su Pietro. Su Pietro, Paolo e gli apostoli. *La Chiesa è apostolica* in virtù di Cristo.

Questa Chiesa confessa: «Tu sei il Cristo, il Figlio del Dio vivente». Così confessa la Chiesa attraverso i secoli, insieme a tutti coloro che condividono la sua fede. Insieme a tutti coloro ai quali il Padre ha rivelato il Figlio nello Spirito Santo, così come a essi il Figlio nello Spirito Santo ha rivelato il Padre (cfr. *Mt* 11,25-27).

Questa Rivelazione è *definitiva*, si può solo accettarla o respingerla. La si può accettare, confessando Dio, Padre Onnipotente, Creatore del cielo e della terra, e Gesù Cristo, il Figlio, della stessa sostanza del Padre e lo Spirito Santo che è Signore e dà la vita. Oppure si può respingere tutto questo, scrivere a lettere maiuscole: «Dio non ha un Figlio», «Gesù Cristo non è il Figlio di Dio, è solo uno dei profeti, anche se non l'ultimo, è soltanto un uomo».

Ci si può meravigliare di tali posizioni, quando sappiamo che Pietro stesso ha avuto a questo riguardo delle difficoltà? Egli credeva nel Figlio di Dio, ma non riusciva ad accettare che questo Figlio di Dio, come uomo, potesse essere flagellato, incoronato di spine e dovesse poi morire in croce.

C'è da meravigliarsi se persino coloro che credono nel Dio unico, del quale Abramo fu il testimone, trovano difficile accettare la fede in un Dio crocifisso? Essi ritengono che Dio può essere soltanto potente e grandioso, assolutamente trascendente e bello nella Sua potenza, santo e irraggiungibile dall'uomo. Dio può essere solo così! Egli non può essere Padre e Figlio e Spirito Santo. Non può essere Amore che si dona e che permette che Lo si veda, che Lo si oda, che Lo si imiti come uomo, che Lo si leghi, Lo si schiaffeggi e Lo si crocifigga. Questo non può essere Dio!... Così, dunque, al centro stesso della grande tradizione monoteistica si è introdotta questa *profonda lacerazione*.

Nella Chiesa – edificata sulla roccia che è Cristo – Pietro, gli apostoli e i loro successori sono testimoni di Dio crocifisso e risorto in Cristo. In tale modo, sono testimoni della vita che è più forte della morte. Sono testimoni di Dio che dà la vita perché è Amore (cfr. *1Gv* 4,8). Sono testimoni, perché hanno visto, sentito e toccato con le mani, gli occhi e le orecchie di Pietro, di Giovanni e di tanti altri. Ma Cristo ha detto a Tommaso: «Beati quelli che pur non avendo visto crederanno!» (*Gv* 20,29).

Lei, giustamente, afferma che *il Papa è un mistero*. Lei afferma, a ragione, che egli è *segno di contraddizione*, che egli è *provocazione*. Il vecchio Simeone disse di Cristo stesso che sarebbe stato «segno di contraddizione» (cfr. *Lc* 2,34).

Lei, inoltre, sostiene che, di fronte a una tale verità – dunque, di fronte al Papa – *bisogna scegliere*; e per molti tale scelta non è facile. Ma fu forse facile per lo stesso Pietro? Lo è stata per ognuno dei suoi successori? È facile per il Papa attuale? Scegliere comporta un'iniziativa dell'uomo. Cristo però dice: «né la carne né il sangue te l'hanno rivelato, ma il Padre mio» (*Mt* 16,17). Questa scelta, dunque, non è soltanto un'iniziativa dell'uomo, è anche *azione di Dio*, che opera nell'uomo, che rivela. E in virtù di tale azione di Dio l'uomo può ripetere: «Tu sei il Cristo, il Figlio del Dio vivente» (*Mt* 16,16) e, dopo, può pronunciare tutto il *Credo*, che è intimamente articolato secondo la profonda logica della Rivelazione. L'uomo può anche rammentare a se stesso e agli altri le conseguenze che scaturiscono dalla stessa logica della fede e che sono pervase dal medesimo *splendore della verità*. Può fare tutto questo, nonostante sappia che, a causa di ciò, diventerà «segno di contraddizione».

Che cosa rimane a un tale uomo? Soltanto le parole che Gesù stesso rivolse agli apostoli: «Se hanno perseguitato me, perseguiteranno anche voi; se hanno osservato la mia parola, osserveranno anche la vostra» (*Gv* 15,20). E dunque: «Non abbiate paura!». *Non abbiate paura del mistero di Dio; non abbiate paura del Suo amore; e non abbiate paura della debo-*

lezza dell'uomo né della sua grandezza! L'uomo non cessa di essere grande neppure nella sua debolezza. Non abbiate paura di essere testimoni della dignità di ogni persona umana, dal momento del concepimento sino alla morte.

Ancora a proposito di nomi: il Papa è detto anche Vicario di Cristo. Questo titolo va visto nell'intero contesto del Vangelo. Prima di salire al cielo, Gesù disse agli apostoli: «Ecco, io sono con voi tutti i giorni, fino alla fine del mondo» (*Mt* 28,20). Egli, sebbene invisibile, è dunque personalmente presente nella Sua Chiesa. Lo è pure nel singolo cristiano, in virtù del Battesimo e degli altri sacramenti. Per questo, già al tempo dei Padri, si era soliti affermare: «*Christianus alter Christus*» (Il cristiano è un secondo Cristo), intendendo con ciò sottolineare *la dignità del battezzato* e la sua vocazione, in Cristo, alla santità.

Cristo, inoltre, realizza una speciale presenza in ogni sacerdote, il quale, quando celebra l'Eucaristia o amministra i sacramenti, lo fa *in persona Christi*.

In questa prospettiva, l'espressione Vicario di Cristo assume il suo vero significato. Più che a una *dignità*, allude a un *servizio*: intende cioè sottolineare i compiti del Papa nella Chiesa, il suo *ministero petrino*, finalizzato al bene della Chiesa e dei fedeli. Lo aveva capito perfettamente san Gregorio Magno il quale, tra tutte le qualifiche connesse con la funzione di Vescovo di Roma, prediligeva quella di *Servus servorum Dei* (Servo dei servi di Dio).

Del resto, non soltanto il Papa viene insignito di questo titolo. Ogni vescovo è *Vicarius Christi* nei riguardi della Chiesa affidatagli. Il Papa lo è nei riguardi della Chiesa romana e, mediante questa, nei riguardi di ogni Chiesa in comunione con essa: comunione nella fede e comunione istituzionale, canonica. Se poi, con tale titolo, è alla dignità del Vescovo di Roma che si vuol fare riferimento, essa non può essere considerata astraendola dalla *dignità dell'intero*

Collegio episcopale, con la quale è strettamente congiunta, come lo è pure con la dignità di ogni vescovo, di ogni sacerdote e di ogni battezzato.

E quale alta dignità hanno le persone consacrate, donne e uomini, che scelgono come propria vocazione quella di realizzare la dimensione sponsale della Chiesa, sposa di Cristo! Cristo, Redentore del mondo e dell'uomo, è lo Sposo della Chiesa e di tutti coloro che sono in essa: «lo sposo è con voi» (cfr. *Mt* 9,15). Un particolare compito del Papa è di professare questa verità e anche di renderla in certo modo presente alla Chiesa che è in Roma e a tutta la Chiesa, a tutta l'umanità, al mondo intero.

Così, dunque, per dissipare in qualche misura i suoi timori, dettati del resto da una profonda fede, consiglierei la lettura di sant'Agostino, il quale soleva ripetere: «*Vobis sum episcopus, vobiscum christianus*» (Per voi sono vescovo, con voi sono cristiano; cfr. per es. *Sermo* 340,1: *PL* 38,1483). A ben riflettere, significa ben più *christianus* che non *episcopus*, anche se si tratta del Vescovo di Roma.

2
Pregare: come e perché

Mi permetta allora di chiederLe di confidarci almeno un poco del segreto del Suo cuore. Di fronte alla convinzione che nella Sua persona – come in quella di ogni Papa – vive il mistero in cui la fede crede, è spontaneo domandarsi: come regge a un tale peso, a viste umane quasi insopportabile? Nessun uomo sulla terra, neppure i massimi rappresentanti di ogni religione, ha una simile responsabilità: nessuno è posto in rapporto così stretto con Dio stesso, malgrado le Sue precisazioni sulla «corresponsabilità» di ogni battezzato, ciascuno al suo livello.

Santità, se è lecito chiederlo: come si rivolge a Gesù? Come dialoga, nella preghiera, con quel Cristo che a Pietro consegnò (perché giungessero sino a Lei, attraverso la successione apostolica) le «chiavi del Regno dei cieli», conferendogli il potere di tutto «legare e sciogliere»?

Lei pone una domanda sulla preghiera, lei chiede al Papa *come egli prega*. E io la ringrazio. Forse conviene prendere le mosse da quanto san Paolo scrive nella Lettera ai Romani. L'apostolo entra direttamente *in medias res* quando dice: «*lo Spirito viene in aiuto alla nostra debolezza*, perché nemmeno sappiamo che cosa sia conveniente domandare, ma lo Spirito stesso intercede con insistenza per noi, con gemiti inesprimibili» (8,26).

Che cos'è la preghiera? Comunemente si ritiene che sia un colloquio. In un colloquio ci sono sempre un «io» e un «tu». In questo caso un Tu con la T maiuscola. L'esperienza della preghiera insegna che, se l'io sembra sulle prime l'elemento più importante, ci si accorge poi che in realtà le cose stanno diversamente. *Più importante è il Tu, perché è da Dio che prende inizio la nostra preghiera.* San Paolo nella Lettera ai Romani insegna proprio questo. Secondo l'apostolo, la preghiera rispecchia tutta la realtà creata, è in un certo senso una *funzione cosmica*.

L'uomo è sacerdote dell'intera creazione, parla a nome di essa, ma in quanto viene guidato dallo Spirito. Si dovrebbe meditare a lungo questo passo della Lettera ai Romani, per entrare nel profondo di ciò che è la preghiera. Leggiamo: «La creazione stessa attende con impazienza la rivelazione dei figli di Dio; essa infatti è stata sottomessa alla caducità – non per suo volere, ma per volere di colui che l'ha sottomessa – e nutre la speranza di essere essa pure liberata dalla schiavitù della corruzione, per entrare nella libertà della gloria dei figli di Dio. Sappiamo bene infatti che tutta la creazione geme e soffre fino ad oggi nelle doglie del parto; essa non è la sola, ma anche noi, che possediamo le primizie dello Spirito, gemiamo interiormente aspettando l'adozione a figli, la redenzione del nostro corpo. Poiché nella speranza noi siamo stati salvati» (8,19-24). E qui incontriamo le parole già riportate dell'apostolo: «lo Spirito viene in aiuto alla nostra debolezza, perché nemmeno sappiamo che cosa sia conveniente domandare, ma lo Spirito stesso intercede con insistenza per noi, con gemiti inesprimibili» (8,26).

Nella preghiera, dunque, il vero protagonista è Dio. Protagonista è *Cristo*, che costantemente libera la creatura dalla schiavitù della corruzione e la conduce verso la libertà, per la gloria dei figli di Dio. Protagonista è lo *Spirito Santo*, che «viene in aiuto alla nostra debolezza». Noi cominciamo a pregare con l'impressione che sia una nostra iniziativa. Invece è sempre un'iniziativa di Dio in noi. Proprio così, come scrive san Paolo. *Questa iniziativa ci restituisce alla nostra vera umanità, ci restituisce alla nostra particolare dignità.* Sì, ci introduce nella superiore dignità dei figli di Dio, figli di Dio che sono l'attesa di tutto il creato.

Pregare si può e si deve in vari modi, così come ci insegna con dovizia di esempi la Bibbia. *Il Libro dei Salmi è insostituibile.* Occorre pregare con «gemiti inesprimibili», per entrare nel *ritmo delle suppliche dello Spirito stesso.* Bisogna implorare per ottenere perdono, inserendosi nel profondo grido di Cristo Redentore (cfr. *Eb* 5,7). Attraverso tutto questo bisogna proclamare la gloria. *La preghiera è sempre un «opus gloriae»* (opera, lavoro di gloria). L'uomo è sacerdote della creazione. Cristo ha confermato per lui tale dignità e vocazione. La creatura compie il suo *opus gloriae* per il fatto di essere ciò che è e per l'impegno a diventare ciò che deve essere.

Anche la scienza e la tecnica servono in un certo modo allo stesso fine. Tuttavia, in quanto opere dell'uomo, esse possono distogliere da questo fine. Il rischio è particolarmente presente nella nostra civiltà che, per ciò stesso, trova così difficile essere la civiltà della vita e dell'amore. Manca in essa proprio l'*opus gloriae*, che è il fondamentale destino di ogni creatura, e soprattutto dell'*uomo*, il quale è stato creato *per diventare, in Cristo, sacerdote, profeta e re di ogni terrena creatura*.

Sulla preghiera è stato scritto moltissimo e, più ancora, essa è stata sperimentata nella storia del genere umano, specialmente in quella di Israele e del cristianesimo. L'uomo raggiunge la *pienezza della preghiera* non quando vi esprime maggiormente se stesso, ma *quando lascia che in essa si faccia più pienamente presente lo stesso Dio*. Lo testimonia *la storia della preghiera mistica* in Oriente e in Occidente: san Francesco, santa Teresa d'Avila, san Giovanni della Croce, sant'Ignazio di Loyola e, in Oriente, per esempio, san Serafino di Sarov e molti altri.

3
L'orazione del Vicario di Cristo

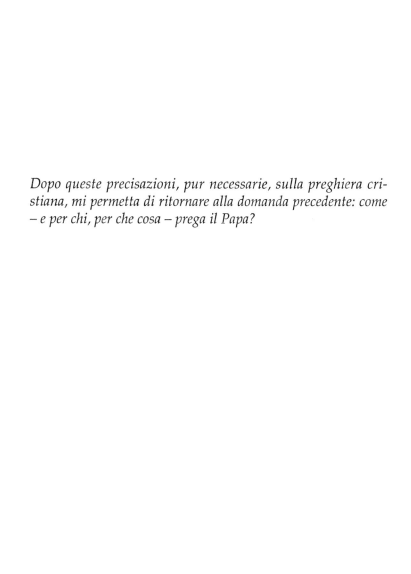

Dopo queste precisazioni, pur necessarie, sulla preghiera cristiana, mi permetta di ritornare alla domanda precedente: come – e per chi, per che cosa – prega il Papa?

Bisognerebbe chiederlo allo Spirito Santo! Il Papa prega *così come lo Spirito Santo gli permette di pregare*. Penso che debba pregare in modo tale che, approfondendo il mistero rivelato in Cristo, possa meglio compiere il suo ministero. E lo Spirito Santo certamente lo guida in questo. Occorre soltanto che l'uomo non ponga ostacoli. «Lo Spirito viene in aiuto alla nostra debolezza» (*Rm* 8,26).

Per che cosa prega il Papa? Con che cosa viene riempito lo spazio interiore della sua preghiera?

Gaudium et spes, luctus et angor hominum huius temporis, gioie e speranze, tristezze e angosce degli uomini d'oggi [sono le parole con cui inizia l'ultimo documento del Concilio Vaticano II, la Costituzione pastorale sulla Chiesa nel mondo contemporaneo] sono oggetto della preghiera del Papa.

Vangelo vuol dire buona novella; e la Buona Novella è sempre *un invito alla gioia*. Che cosa è il Vangelo? È una *grande affermazione del mondo e dell'uomo*, perché è la rivelazione della verità su Dio. *Dio è la prima fonte di gioia e di speranza dell'uomo*. Un Dio proprio così come ce L'ha rivelato Cristo. Dio che è Creatore e Padre; Dio, il quale «ha tanto amato il mondo da dare il suo Figlio unigenito, perché l'uomo non muoia, ma abbia la vita eterna» (cfr. *Gv* 3,16).

Vangelo è, prima di qualsiasi altra cosa, *la gioia della creazione*. Dio, il quale creando vede che ciò che crea è buono (cfr. *Gn* 1,1-25), è fonte di gioia per tutte le creature, e in sommo grado per l'uomo. Dio Creatore sembra dire all'intero creato: «*È bene che tu ci sia*». E questa Sua gioia si trasmette specialmente mediante la Buona Novella, secondo la quale *il bene è più grande di tutto ciò che nel mondo vi è di male*. Il male, infatti, non è né fondamentale, né definitivo. Pure su questo punto il cristianesimo si distingue nettamente da ogni forma di pessimismo esistenziale.

La creazione è stata donata e affidata come compito all'uomo, perché costituisca per lui non una fonte di sofferenza, ma il *fondamento di un'esistenza creativa nel mondo*. Un uomo che crede nell'essenziale bontà delle creature, è in grado di scoprire tutti i segreti della creazione, per perfezionare continuamente l'opera assegnatagli da Dio. Per chi accoglie la Rivelazione, e in particolare il Vangelo, deve essere chiaro che è meglio esistere che non esistere. E perciò, nell'orizzonte del Vangelo, non c'è spazio per nessun nirvana, per nessuna apatia o rassegnazione. C'è invece una grande sfida a perfezionare ciò che è creato: sia se stessi sia il mondo.

Questa gioia essenziale della creazione viene a sua volta completata dalla *gioia della salvezza*, dalla *gioia della redenzione*. Il Vangelo è prima di tutto una grande gioia per la salvezza dell'uomo. Il Creatore dell'uomo è anche il suo Redentore. La salvezza non soltanto affronta il male in ogni sua forma esistente nel mondo, ma proclama la *vittoria sul male*. «Io ho vinto il mondo» dice Cristo (*Gv* 16,33). Sono parole che hanno la loro piena garanzia nel Mistero pasquale, nella vicenda cioè di Passione, Morte, Risurrezione di Gesù. Durante la veglia di Pasqua la Chiesa canta con trasporto: «*O felix culpa, quae talem ac tantum meruit habere Redemptorem*» (O colpa felice, che ci fece meritare un tale e tanto grande Redentore!; *Exsultet*).

Motivo della nostra gioia è dunque avere la forza di sconfiggere il male e di accogliere la filiazione divina che costituisce l'essenza della Buona Novella. Questa potenza Dio la dà all'uomo in Cristo. «Il Figlio unigenito viene nel mondo non per giudicare il mondo, ma perché il mondo si salvi dal male» (cfr. *Gv* 3,17).

L'opera della redenzione è l'elevazione dell'opera della creazione a un nuovo livello. Ciò che è stato creato è pervaso da una santificazione redentrice, anzi, da una divinizzazione: viene come attratto nell'orbita della divinità e della vita intima di Dio. In questa dimensione è sconfitta la forza distruttiva del peccato. La vita indistruttibile, rivelatasi nella Risurrezione di Cristo, «ingoia» per così dire la morte. «Dov'è, o morte, la tua vittoria?» domanda l'apostolo Paolo con lo sguardo fisso al Cristo risorto (*1Cor* 15,55).

Il Papa, che è testimone di Cristo e ministro della Buona Novella, è per ciò stesso *uomo di gioia e uomo di speranza, uomo di questa fondamentale affermazione del valore dell'esistenza, del valore della creazione e della speranza nella vita futura.* Naturalmente, non si tratta né di una gioia ingenua, né di una speranza vana. La gioia della vittoria sul male non offusca *la realistica coscienza dell'esistenza del male* nel mondo e in ogni uomo. Anzi, persino *l'acutizza.* Il Vangelo insegna a chiamare per nome il bene e il male, ma insegna anche che «si può e si deve vincere il male con il bene» (cfr. *Rm* 12,21).

La morale cristiana si esprime pienamente proprio in questo. Se però essa è tanto protesa verso i valori più alti, se comporta una così universale affermazione del bene, *non può far a meno di essere anche straordinariamente esigente.* Il bene, infatti, non è facile, è sempre quella «strada stretta» di cui Cristo parla nel Vangelo (cfr. *Mt* 7,14). Così, dunque, *la gioia del bene e la speranza del suo trionfo* nell'uomo e nel mondo non escludono *il timore per questo bene, per la vanificazione di questa speranza.*

Sì, il Papa, come ogni cristiano, deve avere una *coscienza* particolarmente *chiara dei pericoli* ai quali è soggetta la vita dell'uomo nel mondo e il suo futuro nel tempo, come pure il suo futuro finale, eterno, escatologico. La coscienza di tali pericoli, tuttavia, non genera pessimismo, ma induce soltanto alla lotta per la vittoria del bene in ogni dimensione. Ed è proprio da questa *lotta per la vittoria del bene nell'uomo e nel mondo che scaturisce il bisogno di pregare.*

La preghiera del Papa ha però una dimensione particolare. *La sollecitudine per tutte le Chiese* (cfr. *2Cor* 11,28) impone ogni giorno al Pontefice di peregrinare per il mondo intero con la preghiera, con il pensiero e con il cuore. Si delinea così una sorta di *geografia della preghiera del Papa.* È la geografia delle comunità, delle Chiese, delle società e anche dei problemi che angustiano il mondo contemporaneo. In tale senso il Papa è chiamato, dunque, a una *preghiera universale* nella quale la *sollicitudo omnium Ecclesiarum* (sollecitudine per tutte le Chiese) gli permette di esporre davanti a Dio tutte le gioie e le speranze e, allo stesso tempo, le tristezze e le preoccupazioni che la Chiesa condivide con l'umanità contemporanea.

Si potrebbe anche parlare della preghiera del nostro tempo, della *preghiera del XX secolo.* L'anno duemila segna una specie di sfida. Bisogna guardare *all'immensità del bene* che è scaturito dal mistero dell'Incarnazione del Verbo e, insieme, non lasciarsi sfuggire il *mistero del peccato,* che si espande in continuazione. San Paolo scrive che «laddove è abbondato il peccato, ha sovrabbondato la grazia» («*ubi abundavit peccatum, superabundavit gratia»; Rm* 5,20).

Questa profonda verità rinnova perennemente una sfida per la preghiera. Dimostra quanto essa sia necessaria al mondo e alla Chiesa, perché in definitiva costituisce *il modo più semplice per rendere presente nel mondo Dio e il Suo amore salvifico.* Dio ha affidato agli uomini la loro stessa salvezza, ha affidato agli uomini la Chiesa e, nella Chiesa, tutta l'opera salvifica di Cristo. Ha affidato a ciascuno i singoli e l'insieme degli esseri umani. *Ha affidato a ciascuno tutti e a tutti ciascuno.* Tale consapevolezza deve costantemente trovare eco nella preghiera della Chiesa e nella preghiera del Papa in modo particolare.

Tutti siamo «figli della promessa» (*Gal* 4,28). Cristo diceva agli apostoli: «Abbiate fiducia; io ho vinto il mondo» (*Gv* 16,33). Domandava anche: «Ma il Figlio dell'uomo, quando verrà, troverà ancora la fede sulla terra?» (*Lc* 18,8). Da qui nasce la *dimensione missionaria della preghiera della Chiesa e del Papa.*

La Chiesa prega affinché, dappertutto, si compia l'opera della salvezza per mezzo di Cristo. Prega per poter, essa stessa, vivere costantemente dedita alla missione ricevuta da Dio. Tale missione decide in un certo senso della sua essenza, come ha ricordato il Concilio Vaticano II.

Pregano dunque, la Chiesa e il Papa, per le persone alle quali tale missione deve essere affidata in modo particolare, pregano per le *vocazioni*: non soltanto sacerdotali e religiose, ma anche per le molte vocazioni alla santità tra il popolo di Dio, in mezzo al laicato.

La Chiesa prega per i sofferenti. La sofferenza, infatti, è sempre una grande prova non solo delle forze fisiche, ma anche di quelle spirituali. La verità paolina sul completamento delle sofferenze di Cristo (cfr. *Col* 1,24) è parte del Vangelo. Vi è contenuta quella gioia e quella speranza che sono essenziali per il Vangelo; ma l'uomo non oltrepasserà la soglia di tale verità, se non lo attirerà lo Spirito Santo. *La preghiera per i sofferenti e con i sofferenti è dunque una particolare parte di questo grande grido* che la Chiesa e il Papa innalzano insieme con Cristo. È il grido per la vittoria del bene anche attraverso il male, attraverso la sofferenza, attraverso ogni torto e ingiustizia umana.

Infine, *la Chiesa prega per i defunti* e questa preghiera dice molto sulla realtà della Chiesa stessa. Dice che la Chiesa permane nella *speranza della vita eterna.* La preghiera per i defunti è quasi un combattimento con la realtà della morte e della distruzione, che gravano sull'esistenza terrena dell'uomo. Essa è e rimane sempre una particolare *rivelazione della Risurrezione*. In tale preghiera è Cristo stesso a rendere testimonianza alla vita e all'immortalità, alla quale Dio chiama ogni uomo.

La preghiera è ricerca di Dio, ma è anche *rivelazione* di Dio. Attraverso essa Dio si rivela come Creatore e Padre, come Redentore e Salvatore, come Spirito che «scruta ogni cosa, anche le profondità di Dio» (*1Cor* 2,10), e anzitutto «i segreti del cuore umano» (cfr. *Sal* 43(44),22). *Attraverso la preghiera, Dio si rivela prima di tutto come Misericordia*, cioè come Amore che va incontro all'uomo sofferente, Amore che sostiene, rialza, invita alla fiducia. La vittoria del bene nel mondo è unita in modo organico con questa verità. Un uomo che prega professa tale verità e, in un certo senso, rende presente Dio che è *Amore misericordioso* in mezzo al mondo.

4
C'è davvero un Dio nei cieli?

La fede di quei cristiani cattolici di cui Ella è pastore e maestro (seppur come «vice» dell'unico Pastore e Maestro) ha tre «gradi», tre «livelli» legati l'uno all'altro: Dio, Gesù Cristo, la Chiesa.

In effetti, ogni cristiano crede che Dio esista.

Così, ogni cristiano crede che quel Dio non solo abbia parlato, ma abbia assunto carne d'uomo in una figura della storia, ai tempi dell'impero romano: Gesù di Nazareth.

Ma, tra i cristiani, un cattolico va oltre: crede che quel Dio, che quel Cristo vivano e agiscano – come in un «corpo», per usare un termine del Nuovo Testamento – nella Chiesa di cui il capo visibile, in terra, è ora Lei, attuale Vescovo di Roma.

La fede, certo, è un dono, una grazia divina. Ma dono divino è anche la ragione. Secondo le antiche esortazioni dei santi e dei dottori della Chiesa, il cristiano «crede per capire»; ma è chiamato pure a «capire per credere».

Cominciamo, dunque, dall'inizio. Santità: volendo restare – se è possibile, almeno per ora – in una prospettiva umana, può (e come) l'uomo giungere alla persuasione che Dio davvero esiste?

La sua domanda tratta, in fin dei conti, della *distinzione pascaliana* tra l'Assoluto, cioè il *Dio dei filosofi* (i *libertins* razionalisti), e il *Dio di Gesù Cristo*; e, precedentemente a Lui, il Dio dei patriarchi: da Abramo a Mosè. *Soltanto questo secondo è il Dio vivente.* Il primo è frutto del pensiero umano, della speculazione umana, la quale è in grado, peraltro, di dire qualcosa di valido su di Lui, come anche la Costituzione conciliare sulla Divina Rivelazione, la *Dei Verbum,* ha ricordato (n. 3). Tutte le argomentazioni della ragione, in fondo, seguono la strada indicata dal Libro della Sapienza e dalla Lettera ai Romani: dal mondo visibile all'Assoluto invisibile.

Su tale via procedono in modo diverso Aristotele e Platone. *La tradizione cristiana antecedente Tommaso d'Aquino,* e dunque anche Agostino, fu piuttosto legata a Platone, dal quale tuttavia volle prendere le distanze, e giustamente. Per i cristiani, l'Assoluto filosofico, considerato come Primo Essere o Supremo Bene, non rivestiva molto significato. Perché entrare nelle speculazioni filosofiche su Dio – si domandavano – se aveva parlato il Dio vivente, non soltanto per mezzo dei profeti, ma anche per mezzo del proprio Figlio? *La teologia dei Padri*, specie in Oriente, prende sempre più le distanze da Platone e, in genere, dai filosofi. La stessa filosofia, nel cristianesimo dell'Oriente europeo, finisce per risolversi in teologia (così, per esempio, nei tempi moderni, con Vladimir Solov'ëv).

San Tommaso, invece, non abbandona la via dei filosofi. Egli inizia la *Summa Theologiae* con la domanda: «*An Deus sit?*», «Dio esiste?» (cfr. I, q.2, a.3). La stessa che pone lei. E tale domanda si è dimostrata molto utile. Non soltanto ha creato la teodicea, ma tutta la civiltà occidentale, che viene esaltata come la più sviluppata, *ha seguito il ritmo di questa domanda*. E anche se oggi la *Summa Theologiae,* purtroppo, è stata messa un poco in disparte, l'interrogativo iniziale permane e continua a risuonare nella nostra civiltà.

A questo punto bisogna citare per intero un passo della *Gaudium et spes* del Concilio Vaticano II: «In verità, gli squilibri di cui soffre il mondo contemporaneo si collegano con quel più profondo squilibrio che è radicato nel cuore dell'uomo. È proprio all'interno dell'uomo che molti elementi si contrastano a vicenda. Da una parte infatti, come creatura, esperimenta in mille modi i suoi limiti; d'altra parte si accorge di essere senza confini nelle sue aspirazioni e chiamato ad una vita superiore. Sollecitato da molte attrattive, è costretto sempre a sceglierne qualcuna e a rinunziare alle altre. Inoltre, debole e peccatore, non di raro fa quello che non vorrebbe e non fa quello che vorrebbe. Per cui soffre in se stesso una divisione, dalla quale provengono anche tante e così gravi discordie nella società. ... Con tutto ciò, di fronte all'evoluzione attuale del mondo, *diventano sempre più numerosi quelli che si pongono o sentono con nuova acutezza gli interrogativi capitali*: cos'è l'uomo? Qual è il significato del dolore, del male, della morte, che malgrado ogni progresso continuano a sussistere? Cosa valgono queste conquiste a così caro prezzo raggiunte? Che reca l'uomo alla società, e cosa può attendersi da essa? Cosa ci sarà dopo questa vita? Ecco, la Chiesa crede che Cristo, per tutti morto e risorto, dà sempre all'uomo, mediante il suo Spirito, luce e forza per rispondere alla suprema sua vocazione; né è dato in terra un altro nome agli uomini, in cui possano salvarsi. Crede ugualmente di *trovare nel suo Si-*

gnore e Maestro la chiave, il centro e il fine [dell'uomo nonché] di tutta la storia umana» (n. 10).

Questo passo conciliare è immensamente ricco. Vi si nota chiaramente che *la risposta alla domanda «An Deus sit?» non è soltanto una questione che tocca l'intelletto; è, al tempo stesso, una questione che investe tutta l'esistenza umana.* Dipende da molteplici situazioni, nelle quali l'uomo cerca il significato e il senso della propria esistenza. L'interrogativo sull'esistenza di Dio è intimamente unito *con la finalità dell'umana esistenza.* Non è soltanto una questione dell'intelletto, ma anche una questione della volontà dell'uomo, anzi, *una questione del cuore umano* (le *raisons du coeur* di Blaise Pascal). Penso che si ritenga ingiustamente che la posizione di san Tommaso si esaurisca nell'ambito razionale. Bisogna, è vero, dar ragione a Étienne Gilson quando dice con Tommaso che l'intelletto è la creazione più meravigliosa di Dio, ma ciò non significa affatto cedere a un razionalismo unilaterale. Tommaso è fautore di tutta la ricchezza e complessità di ogni essere creato, e specialmente dell'essere umano. Non è bene che il suo pensiero sia stato accantonato nel periodo postconciliare; egli, infatti, non cessa di essere il *maestro dell'universalismo filosofico e teologico.* In simile contesto vanno lette anche le sue *quinque viae,* cioè le cinque vie che conducono a rispondere alla domanda «*An Deus sit?*».

5
Prove: ancora valide?

Mi permetta una piccola sosta. Non discuto, è ovvio, sulla validità filosofica, teoretica di quanto ha cominciato a esporre. Ma questo modo di argomentare ha ancora un significato concreto per l'uomo di oggi che s'interroghi su Dio, la Sua esistenza, la Sua essenza?

Direi oggi più che mai; di certo più che in epoche pur recenti. In effetti, la *mentalità positivistica*, sviluppatasi prepotentemente a cavallo tra il XIX e il XX secolo, *oggi si trova in un certo senso in ritirata*. L'uomo contemporaneo riscopre il *Sacrum*, seppure non sempre sappia chiamarlo per nome.

Il positivismo non è stato soltanto una filosofia, né solo una metodologia; è stato una di quelle *scuole del sospetto* che l'epoca moderna ha visto fiorire e prosperare. L'uomo è davvero capace di conoscere qualcosa di più di quanto vedono i suoi occhi o odono le sue orecchie? Esiste qualche altra scienza oltre al sapere strettamente empirico? Le capacità della ragione umana sono totalmente sottomesse ai sensi e interiormente dirette dalle leggi della matematica, che si sono dimostrate particolarmente utili per ordinare i fenomeni in maniera razionale, nonché per guidare i processi del progresso tecnico?

Se ci si mette nell'ottica positivistica, concetti quali, per esempio, *Dio* o *anima* risultano semplicemente privi di senso. Nulla infatti corrisponde a essi nell'ambito dell'esperienza sensoria.

Proprio quest'ottica, almeno in alcuni campi, è attualmente in ritirata. Si può constatarlo persino confrontando tra loro le prime e le successive opere di Ludwig Wittgenstein, il filosofo austriaco della prima metà del nostro secolo.

Nessuno, del resto, è sorpreso dal fatto che la conoscenza umana è, in prima istanza, una conoscenza sensoria. Nessun classico della filosofia, né Platone né Aristotele, lo metteva in dubbio. Il realismo conoscitivo – tanto il cosiddetto realismo ingenuo quanto il realismo critico – sono d'accordo che «*nihil est in intellectu, quod prius non fuerit in sensu*» (nulla vi è nell'intelletto che prima non sia stato nel senso). Tuttavia, *i limiti di tale «sensus» non sono esclusivamente sensori*. Sappiamo, infatti, che l'uomo conosce non soltanto le tinte, i toni o le forme, ma conosce gli oggetti *globalmente*: per esempio, non soltanto un insieme di qualità riguardanti l'oggetto «uomo», ma anche l'uomo in se stesso (sì, l'uomo come persona). Conosce, dunque, *verità extrasensorie* o, in altre parole, *transempiriche*. Non si può neppure affermare che quanto è transempirico cessi di essere empirico.

In questo modo si può parlare con tutta fondatezza di *esperienza umana*, di *esperienza morale*, oppure di *esperienza religiosa*. E se è possibile parlare di tali esperienze, è difficile negare che, nell'orbita delle esperienze umane, si trovino anche il bene e il male, si trovino la verità e la bellezza, si trovi anche Dio. In Se stesso, Dio certamente non è oggetto dell'empirìa, dell'esperienza sensibile umana; è ciò che, a modo suo, sottolinea la stessa Sacra Scrittura: «Dio nessuno l'ha mai visto né lo può vedere» (cfr. *Gv* 1,18). Se Dio è oggetto di conoscenza, lo è – come insegnano concordemente il Libro della Sapienza e la Lettera ai Romani – sulla base dell'esperienza che l'uomo fa sia del mondo visibile sia dello stesso suo mondo interiore. È qui che Immanuel Kant, abbandonando la vecchia strada di quei Libri biblici e di san Tommaso d'Aquino, s'inoltra per quella dell'esperienza etica. L'uomo si riconosce come un *essere etico*, capace di agire secondo i criteri del bene e del male, e non soltanto del profitto e del piacere. Si riconosce anche come un *essere religioso*, capace di mettersi in contatto con Dio. La preghiera – di cui si è parlato in precedenza – è, in un certo senso, la prima verifica di tale realtà.

Il pensiero contemporaneo, nel prendere le distanze dalle convinzioni positivistiche, ha fatto notevoli passi nella scoperta sempre più completa dell'uomo riconoscendo, tra l'altro, il valore del linguaggio metaforico e simbolico. L'ermeneutica contemporanea – quale si riscontra, per esempio, nelle opere di Paul Ricoeur o, in altro modo, in quelle di Emmanuel Lévinas – ci mostra sotto angolature nuove la verità sul mondo e sull'uomo.

Tanto il positivismo ci allontana da questa più completa comprensione e, in un certo senso, ce ne esclude, tanto l'ermeneutica, che scava nel significato del linguaggio simbolico, ci permette di ritrovarla e persino, in un qualche modo, di approfondirla. Ciò è detto, ovviamente, senza voler affatto negare la capacità della ragione di formare enunciati concettuali veri su Dio e sulle verità della fede.

Perciò, per il pensiero contemporaneo è così importante la *filosofia della religione*: per esempio, quella di Mircea Eliade, e da noi, in Polonia, quella dell'arcivescovo Marian Jaworski e della scuola di Lublino. *Siamo testimoni di un sintomatico ritorno alla metafisica (filosofia dell'essere) attraverso l'antropologia integrale.* Non si può pensare adeguatamente l'uomo senza il riferimento, per lui costitutivo, a Dio. È ciò che san Tommaso definiva *actus essendi* con il linguaggio della *filosofia dell'esistenza*. La filosofia della religione lo esprime con le categorie dell'*esperienza antropologica*.

A questa esperienza hanno contribuito moltissimo i *filosofi del dialogo*, come Martin Buber o il già citato Lévinas. E ci troviamo ormai molto vicini a san Tommaso, ma la strada passa non tanto attraverso l'essere e l'esistenza, quanto attraverso le persone e il loro incontro: attraverso l'«io» e il «tu». *Questa è una fondamentale dimensione dell'esistenza dell'uomo, che è sempre una coesistenza.*

Da dove hanno imparato ciò i filosofi del dialogo? Lo hanno appreso prima di tutto dall'esperienza della Bibbia. L'intera vita umana è un «coesistere» nella *dimensione quo-*

tidiana – «tu» e «io» – e anche nella *dimensione assoluta e definitiva:* «io» e «Tu». La tradizione biblica ruota intorno a questo Tu, che è dapprima il Dio di Abramo, Isacco e Giacobbe, il Dio dei Padri, e poi il Dio di Gesù Cristo e degli apostoli, il Dio della nostra fede.

La nostra fede è profondamente antropologica, radicata costitutivamente nella coesistenza, nella comunità del popolo di Dio, e *nella comunione con questo eterno Tu.* Una simile coesistenza è essenziale per la nostra tradizione giudeocristiana e proviene dall'iniziativa di Dio stesso. Essa sta nella linea della creazione, di cui è il prolungamento, ed è – come insegna san Paolo (cfr. *Ef* 1,4-5) – al tempo stesso «l'eterna elezione dell'uomo nel Verbo che è il Figlio».

6

Ma, allora, perché si nasconde?

Dio, dunque, il Dio biblico, c'è. Ma, allora, è forse comprensibile la protesta di molti, ieri come oggi: perché non si rivela più chiaramente? Perché non dà prove tangibili e accessibili a tutti della Sua esistenza? Perché la Sua strategia misteriosa sembra quella di giocare a nascondino con le Sue creature?

Esistono ragioni per credere, certo; ma – come molti hanno sostenuto e sostengono – ci sono anche ragioni per dubitare o, addirittura, per negare. Non sarebbe più semplice se la Sua esistenza fosse evidente?

Penso che le domande da lei rivolte – e che, del resto, sono di tanti – non facciano riferimento né a san Tommaso, né a sant'Agostino, né a tutta la grande tradizione giudeo-cristiana. Mi sembra che spuntino piuttosto in un altro terreno, *quello puramente razionalistico, che è proprio della filosofia moderna*. La cui storia inizia con Cartesio, il quale, per così dire, scisse il pensare dall'esistere e lo identificò con la ragione stessa: «*Cogito, ergo sum*» (Penso, dunque sono).

Quanto diversa l'impostazione di san Tommaso, per il quale non è *il pensare a decidere dell'esistenza, ma è l'esistenza, l'«esse», a decidere del pensare*! Penso nel modo in cui penso, perché sono quello che sono – cioè una creatura – e perché Egli è Colui che è, cioè l'*assoluto Mistero non creato*. Se Egli non fosse Mistero, non ci sarebbe bisogno della Rivelazione o, meglio, parlando in modo più rigoroso, dell'*autorivelazione di Dio*.

Se l'uomo, con il suo intelletto creato e con i limiti della propria soggettività, potesse superare tutta la distanza che separa la creazione dal Creatore, l'essere contingente e non necessario dall'Essere Necessario («colei che non è», secondo la nota parola rivolta da Cristo a santa Caterina da Siena, da «Colui che è»: cfr. Raimondo da Capua, *Legenda maior*, I,10,92), solo allora le sue domande sarebbero fondate.

I pensieri che l'assillano, e che compaiono anche nei suoi libri, vengono espressi con una serie di domande. Non sono di certo soltanto sue: lei intende farsi portavoce degli uomini della nostra epoca, ponendosi al loro fianco sulle strade – talvolta difficili e intricate, talvolta apparentemente senza sbocchi – della loro ricerca di Dio. La sua inquietudine si esprime nella domanda: *perché mancano prove più certe per l'esistenza di Dio? Perché Egli sembra nascondersi, quasi giocando con la Sua creatura? Non dovrebbe essere tutto molto più semplice, la Sua esistenza non dovrebbe essere qualcosa di ovvio?* Sono interrogativi che appartengono al repertorio dell'*agnosticismo contemporaneo*. L'agnosticismo non è ateismo, in particolare non è un ateismo programmatico, come lo era l'ateismo marxista e, in un altro contesto, l'ateismo dell'epoca illuminista.

Pur tuttavia, le sue domande contengono *formulazioni che riecheggiano l'Antico e il Nuovo Testamento.* Quando lei parla di Dio che si nasconde, usa quasi il medesimo linguaggio di Mosè, che desiderava vedere Dio faccia a faccia, ma non poté vederLo che «alle spalle» (cfr. *Es* 33,23). Non è qui indicata la conoscenza attraverso la creazione?

Quando poi parla di «gioco», mi vengono in mente le parole del Libro dei Proverbi, che mostrano la Sapienza intenta a «ricrearsi tra i figli dell'uomo sul globo terrestre» (cfr. 8,31). Non significa questo che la Sapienza di Dio si dona alle creature ma, allo stesso tempo, non svela loro tutto il Suo mistero?

L'autorivelazione di Dio si attua in particolare nel Suo «umanizzarsi». Ancora una volta, la grande tentazione è di operare, secondo le parole di Ludwig Feuerbach, la classica riduzione di ciò che è divino a ciò che è umano. Le parole sono di Feuerbach, dal quale prende avvio l'ateismo marxista, ma – *ut minus sapiens*, «sto per dire una pazzia» (2*Cor* 11,23) – *la provocazione proviene da Dio stesso*, poiché Egli davvero si è fatto uomo nel Suo Figlio ed è nato dalla Vergine. Proprio in questa nascita, e poi attraverso la Passione, la Croce e la Risurrezione, l'autorivelazione di Dio nella storia dell'uomo ha raggiunto il proprio zenit: la rivelazione dell'invisibile Dio nella visibile umanità di Cristo.

Ancora il giorno prima della Passione gli apostoli chiedevano a Cristo: «Signore, mostraci il Padre» (*Gv* 14,8). La Sua risposta rimane una risposta chiave: «Come potete dire: Mostraci il Padre? Non credete che io sono nel Padre e il Padre è in me? ... Se non altro, credetelo per le opere stesse. ... Io e il Padre siamo una cosa sola» (cfr. *Gv* 14,9-11; 10,30).

Le parole di Cristo vanno molto lontano. Abbiamo quasi a che fare con *quell'esperienza diretta* alla quale aspira l'uomo contemporaneo. Ma questa immediatezza non è la conoscenza di Dio «faccia a faccia» (*1Cor* 13,12), la conoscenza di Dio come Dio.

Cerchiamo di essere, nel nostro ragionamento, imparziali: *poteva Dio andare oltre nella Sua condiscendenza, nel Suo avvicinamento all'uomo* e alle di lui possibilità conoscitive? In verità, *sembra che sia andato lontano quanto era possibile. Oltre non sarebbe potuto andare.* In un certo senso Dio è andato troppo lontano! Cristo non divenne forse «scandalo per i giudei, stoltezza per i pagani» (*1Cor* 1,23)? Proprio perché chiamava Dio Suo Padre, perché Lo rivelava così apertamente in Se stesso, non poteva non suscitare l'impressione che fosse troppo... L'uomo ormai non era più in grado di sopportare tale vicinanza, e cominciarono le proteste.

Questa grande protesta ha nomi precisi: prima si chiama Sinagoga, e poi Islam. Entrambi non possono accettare un Dio così umano. «Ciò non si addice a Dio» protestano. «Egli deve rimanere assolutamente trascendente, deve rimanere pura Maestà. Certo, Maestà piena di misericordia, ma non fino al punto di pagare le colpe della Propria creatura, i suoi peccati.»

Da una particolare ottica è giusto, dunque, dire che Dio si è svelato fin troppo all'uomo in ciò che ha di più divino, in ciò che è la Sua vita intima; si è svelato nel Proprio mistero. Non ha badato al fatto che tale *svelamento Lo avrebbe in certo modo offuscato agli occhi dell'uomo, perché l'uomo non è capace di sopportare l'eccesso del Mistero.* Non vuole esserne pervaso e sopraffatto. Sì, l'uomo sa che Dio è Colui nel quale «viviamo, ci muoviamo ed esistiamo» (*At* 17,28); ma perché ciò dovrebbe essere confermato dalla Sua Morte e Risurrezione? Tuttavia san Paolo scrive: «Ma se Cristo non è risuscitato, allora è vana la nostra predicazione ed è vana anche la vostra fede» (*1Cor* 15,14).

7
Gesù-Dio: una pretesa eccessiva?

Dal «problema» di Dio spostiamoci allora decisamente al «problema» di Gesù, come del resto Ella già ha cominciato a fare.

Perché Gesù non potrebbe essere soltanto un saggio, come Socrate? o un profeta, come Maometto? o un illuminato, come Budda? È davvero possibile sostenere ancora la certezza inaudita che questo oscuro ebreo condannato a morte in un'oscura provincia sia il Figlio di Dio, della stessa natura del Padre? Questa pretesa cristiana non ha paralleli, per la sua radicalità, in alcun'altra credenza religiosa. San Paolo stesso la definisce «uno scandalo e una follia».

San Paolo è profondamente consapevole che *Cristo è assolutamente originale, che è unico e irripetibile*. Se fosse soltanto un «saggio» come Socrate, se fosse un «profeta» come Maometto, se fosse un «illuminato» come Budda, senza dubbio non sarebbe ciò che è. Ed è l'*unico Mediatore tra Dio e gli uomini.*

È Mediatore per il fatto di essere Dio-uomo. Porta in Sé tutto l'intimo mondo della divinità, tutto il Mistero trinitario e insieme il mistero della vita nel tempo e nell'immortalità. È vero uomo. In Lui il divino non si confonde con l'umano. Rimane qualcosa di essenzialmente divino.

Ma Cristo, contemporaneamente, è così umano! Grazie a ciò *tutto il mondo degli uomini, tutta la storia dell'umanità trova in Lui la sua espressione davanti a Dio*. E non davanti a un Dio lontano, irraggiungibile, ma davanti a un Dio che è in Lui: anzi, che è Lui stesso. Questo non c'è in alcun'altra religione né, tanto meno, in una qualche filosofia.

Cristo è irripetibile!

Non parla soltanto, come *Maometto*, promulgando princìpi di disciplina religiosa, cui devono attenersi tutti gli adoratori di Dio. Cristo non è neanche semplicemente un saggio nel senso in cui lo fu *Socrate*, la cui libera accettazione della morte in nome della verità ha, tuttavia, tratti di somiglianza col sacrificio sulla croce.

Meno ancora Egli è simile a *Budda*, con la sua negazione di tutto il creato. Budda ha ragione quando non vede la possibilità della salvezza dell'uomo nella creazione, ma ha torto quando per tale motivo rifiuta a tutto il creato ogni valore per l'uomo. Cristo non fa questo e non può farlo, perché è *testimone eterno del Padre e di quell'amore che il Padre ha per la Sua creatura sin dall'inizio*. Il Creatore, sin dall'inizio, vede un molteplice bene nel creato, lo vede specialmente nell'uomo formato a Sua immagine e somiglianza: vede tale bene, in un certo qual senso, attraverso il Figlio incarnato. Lo vede come un compito per Suo Figlio e per tutte le creature razionali. Spingendoci fino al limite della visione divina, potremmo dire che Dio vede questo bene in modo particolare attraverso la Passione e Morte del Figlio.

Questo bene verrà confermato dalla Risurrezione che, infatti, è il principio di una creazione nuova, del ritrovamento in Dio di tutto il creato, del definitivo destino di tutte le creature. E tale destino si esprime nel fatto che Dio sarà «tutto in tutti» (1Cor 15,28).

Cristo, sin dall'inizio, si trova al centro della fede e della vita della Chiesa. E anche al centro del magistero e della teologia. Quanto al magistero, bisogna richiamarsi all'intero primo millennio, a partire dal primo Concilio di Nicea, attraverso quelli di Efeso e di Calcedonia, e poi fino al secondo Concilio di Nicea, che è la conseguenza dei precedenti. Tutti i concili del primo millennio ruotano intorno al mistero della Santissima Trinità, compresa la processione dello Spirito Santo, ma *tutti, alla loro radice, sono cristologici*. Da quando Pietro ha confessato: «Tu sei il Cristo, il Figlio del Dio vivente» (*Mt* 16,16), Cristo si è trovato al centro della fede e della vita dei cristiani, al centro della loro testimonianza, che non di rado s'è spinta sino all'effusione del sangue.

Grazie a questa fede, la Chiesa ha conosciuto una crescente espansione, nonostante le persecuzioni. La fede ha progressivamente cristianizzato il mondo antico. E anche se più tardi è emersa la minaccia dell'arianesimo, la vera fede in Cristo, Dio-uomo, secondo la confessione di Pietro nei pressi di Cesarea di Filippo, non ha cessato di essere il centro della vita, della testimonianza, del culto e della liturgia. *Si potrebbe parlare di una concentrazione cristologica del cristianesimo, prodottasi già dall'inizio.*

Ciò riguarda prima di tutto la fede e riguarda la tradizione viva della Chiesa. Un'espressione peculiare di essa si ha nel culto mariano e nella mariologia: «Fu concepito di Spirito Santo, nacque da Maria Vergine» (*Credo*). *La marianità e la mariologia della Chiesa non sono che un altro aspetto dell'accennata concentrazione cristologica.*

Sì, occorre non stancarsi di ripeterlo. Nonostante alcuni aspetti convergenti, Cristo non somiglia né a Maometto, né a Socrate, né a Budda. *È del tutto originale e irripetibile.* L'originalità di Cristo, indicata nelle parole pronunciate da Pietro nei pressi di Cesarea di Filippo, costituisce il centro della fede della Chiesa espressa nel Simbolo: «*Io credo* in Dio, Padre onnipotente, Creatore del cielo e della terra; e *in Gesù Cristo, Suo unico Figlio, nostro Signore, il quale fu concepito di Spirito Santo, nacque da Maria Vergine,* patì sotto Ponzio Pilato, fu crocifisso, morì e fu sepolto; discese agli inferi; il terzo giorno risuscitò da morte; salì al cielo, siede alla destra di Dio Padre onnipotente».

Questo cosiddetto Simbolo apostolico è l'espressione della fede di Pietro e di tutta la Chiesa. Dal IV secolo entrerà nell'uso catechetico e liturgico il *Simbolo niceno-costantinopolitano* che ne amplia l'insegnamento. Lo amplia, in seguito all'accresciuta consapevolezza che la Chiesa raggiunge, penetrando progressivamente nella cultura ellenica e avvertendo, quindi, con maggiore chiarezza la necessità di impostazioni dottrinali adeguate e convincenti per quel mondo.

A Nicea e a Costantinopoli fu dunque affermato che Gesù Cristo è «il Figlio unigenito dell'eterno Padre, generato e non creato, della stessa Sua sostanza, per mezzo del quale tutte le cose sono state create».

Tali formulazioni non sono semplicemente frutto dell'ellenismo; *esse provengono direttamente dal patrimonio apostolico*. Se vogliamo cercare la loro *fonte*, la troviamo *prima di tutto in Paolo e in Giovanni*.

La cristologia di Paolo è straordinariamente ricca. Il suo punto di partenza è costituito dall'evento verificatosi alle porte di Damasco. In quella circostanza il giovane fariseo fu colpito dalla cecità ma, allo stesso tempo, con gli occhi dell'anima vide tutta la verità sul Cristo risorto. Questa verità egli espresse poi nelle sue Lettere.

Le parole della professione di fede di Nicea non sono che il riflesso della dottrina di Paolo. In esse si raccoglie, peraltro, anche l'eredità di Giovanni, in particolare l'eredità contenuta nel Prologo (cfr. 1,1-18), ma non solo là. Tutto il suo Vangelo, nonché le Lettere, sono una testimonianza della Parola di Vita, di «ciò che noi abbiamo udito, ciò che noi abbiamo veduto con i nostri occhi ... e ciò che le nostre mani hanno toccato» (*1Gv* 1,1).

Sotto un certo aspetto, Giovanni ha maggiori titoli di Paolo per essere qualificato testimone, anche se la testimonianza di Paolo rimane particolarmente sconvolgente. *È importante questo confronto tra Paolo e Giovanni*. Giovanni infatti scrive più tardi, Paolo prima. Dunque, è innanzitutto in Paolo che si devono cercare le prime espressioni della fede.

E non solo in Paolo, ma *anche in Luca*, che era seguace di Paolo. In Luca, infatti, troviamo la frase che potrebbe essere considerata quasi un *ponte tra Paolo e Giovanni*. Alludo alle parole che Cristo pronunciò – come annota l'Evangelista – «esultando nello Spirito Santo» (cfr. 10,21): «Io ti rendo lode, Padre, Signore del cielo e della terra, che hai nascosto queste cose ai dotti e ai sapienti e le hai rivelate ai piccoli. ... nessuno sa chi è il Figlio se non il Padre, né chi è il Padre se non il Figlio e colui al quale il Figlio lo voglia rivelare» (10,21-22). Luca dice qui la stessa cosa che Matteo pone sulle labbra di Gesù rivolto a Pietro: «né la carne né il sangue te l'hanno rivelato, ma il Padre mio che sta nei cieli» (16,17). Però, quanto afferma Luca trova anche un preciso corrispettivo nelle parole del Prologo di Giovanni: «Dio nessuno l'ha mai visto: proprio il Figlio unigenito, che è nel seno del Padre, lui lo ha rivelato» (1,18).

Questa verità evangelica, peraltro, ritorna in tanti passi giovannei, che è difficile in questo momento ricordare. *La cristologia del Nuovo Testamento è «dirompente».* I Padri, la grande scolastica, la teologia dei secoli successivi *non hanno fatto che ritornare, con stupore sempre rinnovato, al patrimonio ricevuto,* per avviarne e progressivamente svilupparne l'approfondimento.

Lei ricorda forse che la mia prima Enciclica sul Redentore dell'uomo (*Redemptor hominis*) apparve alcuni mesi dopo la mia elezione, il 16 ottobre 1978. Questo significa che in realtà portavo *con me* il suo contenuto. Dovetti soltanto, in un certo senso, «copiare» dalla memoria e dall'esperienza ciò di cui già vivevo alla soglia del pontificato.

Lo sottolineo, perché l'enciclica costituisce la conferma, da un lato, della *tradizione delle scuole* dalle quali sono uscito e, dall'altro, dello *stile della pastorale* cui essa si richiama. Il mistero della Redenzione viene visto con gli occhi del grande rinnovamento dell'uomo e di tutto ciò che è umano, proposto dal Concilio, specialmente nella *Gaudium et spes*. L'enciclica vuole essere *un grande inno di gioia per il fatto che l'uomo è stato redento da Cristo*: redento nell'anima e nel corpo. Questa redenzione del corpo ha trovato successivamente un'espressione a parte nella serie di catechesi all'udienza generale del mercoledì: «*Maschio e femmina li creò*». Sarebbe forse meglio dire: «Maschio e femmina li redense».

8

La chiamano «storia della salvezza»

Approfittando della cordiale libertà che ha voluto concedermi, mi lasci continuare a porre domande che possono sembrarLe singolari. Ma sono domande che, come Ella stessa ha osservato, pongo anche a nome di non pochi nostri contemporanei. I quali, davanti all'annuncio evangelico riproposto dalla Chiesa, sembrano chiedersi: perché questa «storia della salvezza», come la chiamano i cristiani, appare così complicata? Per perdonarci, per salvarci, un Dio-Padre aveva davvero bisogno del sacrificio cruento di Suo Figlio stesso?

La sua domanda, concernendo la *storia della salvezza*, tocca il senso più profondo della salvezza redentrice. Intanto, cominciamo con uno sguardo alla *storia del pensiero europeo dopo Cartesio*. Perché metto pure qui in primo piano Cartesio? Non soltanto perché egli segna l'inizio di una nuova epoca nella storia del pensiero europeo, ma anche perché questo filosofo, che è certo tra i più grandi che la Francia abbia dato al mondo, ha inaugurato la *grande svolta antropocentrica nella filosofia*. «Penso, dunque sono», come già prima ricordavo, è il motto del moderno razionalismo.

Tutto il razionalismo degli ultimi secoli – tanto nella sua espressione anglosassone quanto in quella continentale con il kantismo, l'hegelismo e la filosofia tedesca del XIX e XX secolo, fino a Husserl e Heidegger – può dirsi una continuazione e uno sviluppo delle posizioni cartesiane. L'autore delle *Meditationes de prima philosophia*, con la sua prova ontologica, *ci ha allontanati dalla filosofia dell'esistenza*, e anche dalle tradizionali vie di san Tommaso. Tali vie conducono a Dio che è «esistenza autonoma», *ipsum Esse subsistens* (l'Essere stesso sussistente). Cartesio, con l'assolutizzazione della coscienza soggettiva, conduce piuttosto verso la *pura coscienza dell'Assoluto* che è il *puro pensare*. Un tale Assoluto non è l'*esistenza autonoma*, ma in qualche modo il *pensare autonomo*. Ha senso solamente ciò che corrisponde al pensiero umano. Non è tanto importante la veridicità oggettiva di questo pensiero, quanto il fatto stesso che qualcosa appaia alla consapevolezza umana.

Ci troviamo alla soglia dell'*immanentismo* e del *soggettivismo moderni*. Cartesio segna l'inizio dello sviluppo sia delle scienze esatte e naturali, sia delle scienze umanistiche nella loro nuova espressione. Con lui si volgono le spalle alla metafisica e ci si concentra sulla filosofia della conoscenza. Kant è il più grande rappresentante proprio di tale corrente.

Se non è certo possibile addebitare al padre del razionalismo moderno l'allontanamento dal cristianesimo, è difficile non riconoscere che egli creò il clima in cui, nell'epoca moderna, tale allontanamento poté realizzarsi. Non si attuò subito, ma gradualmente.

In effetti, circa centocinquant'anni dopo Cartesio, constatiamo come tutto ciò che era *essenzialmente cristiano* nella tradizione del pensiero europeo *sia già stato messo fra parentesi*. Siamo nel tempo in cui in Francia è protagonista l'illuminismo, una dottrina con la quale si ha la *definitiva affermazione del puro razionalismo*. La Rivoluzione francese, durante il Terrore, ha abbattuto gli altari dedicati a Cristo, ha buttato i crocifissi nelle strade, e ha invece introdotto il culto della dea Ragione. In base al quale venivano proclamate *la libertà*, *l'uguaglianza* e *la fratellanza*. In questo modo il patrimonio spirituale, e in particolare quello morale, del cristianesimo era strappato dal suo fondamento evangelico, al quale è necessario riportarlo perché ritrovi la sua piena vitalità.

Tuttavia, il processo di allontanamento dal Dio dei Padri, dal Dio di Gesù Cristo, dal Vangelo e dall'Eucaristia non comportava la rottura con un Dio esistente al di sopra del mondo. Di fatto, *il Dio dei deisti fu sempre presente*; forse fu anche presente negli enciclopedisti francesi, nelle opere di Voltaire e di Jean-Jacques Rousseau, ancor più nei *Philosophiae naturalis principia mathematica* di Isaac Newton, che segnano l'inizio della fisica moderna.

Questo Dio, però, è decisamente *un Dio al di fuori del mondo*. Un Dio presente nel mondo appariva inutile a una mentalità formata sulla conoscenza naturalistica del mondo; ugualmente, un Dio operante nell'uomo risultava inutile per la consapevolezza moderna, per la moderna scienza dell'uomo, che ne esamina i meccanismi coscienti e subcoscienti. *Il razionalismo illuministico ha posto fra parentesi il Dio vero e, in particolare, Iddio Redentore.*

Che cosa comportava ciò? *Che l'uomo doveva vivere lasciandosi guidare esclusivamente dalla propria ragione, così come se Dio non esistesse.* Non soltanto bisognava prescindere da Dio nella conoscenza oggettiva del mondo – poiché la premessa dell'esistenza del Creatore o della Provvidenza non serviva a nulla per la scienza – ma bisognava anche agire come se Dio non esistesse, cioè come se Dio non si interessasse del mondo. *Il razionalismo illuministico poteva accettare un Dio al di fuori del mondo, soprattutto perché questa era un'ipotesi inverificabile. Imprescindibile, comunque, era che tale Dio fosse estromesso dal mondo.*

9
Una storia che si precisa

La seguo con attenzione in questo inquadramento filosofico. Ma in che modo ciò si lega alla domanda che Le ponevo sulla storia della salvezza?

È proprio ciò a cui intendo arrivare. In effetti, con un simile modo di pensare e di agire, il razionalismo illuministico colpisce al cuore tutta la *soteriologia cristiana*, cioè la riflessione teologica sulla salvezza (*sotería*, in greco), la dottrina evangelica sulla redenzione. «Dio ... ha tanto amato il mondo da dare il suo Figlio unigenito, perché chiunque crede in lui non muoia, ma abbia la vita eterna» (*Gv* 3,16). Ogni parola di questa risposta di Cristo nel colloquio con Nicodemo costituisce una sorta di pomo della discordia per una *forma mentis* nata dalle premesse dell'illuminismo, e non soltanto di quello francese, ma anche inglese e tedesco.

Riprendiamo ora direttamente il filo della sua domanda e analizziamo le parole di Cristo nel Vangelo di san Giovanni, per comprendere in quali punti ci troviamo in contrasto con tale *forma mentis*. Lei, ovviamente, anche qui si fa portavoce degli uomini di oggi. Per questo domanda: «Perché la storia della salvezza è così complicata?».

In realtà, dobbiamo dire che essa è *molto semplice*! Ne possiamo dimostrare in modo diretto la profonda semplicità, come pure la mirabile logica interna, partendo proprio dalle parole di Gesù rivolte a Nicodemo.

Ecco la prima affermazione: «*Dio ha amato il mondo*». Per la mentalità illuministica, il mondo non ha bisogno dell'amore di Dio. *Il mondo è autosufficiente*. E Dio, a sua volta, non è innanzitutto Amore. Semmai è Intelletto, Intelletto che eternamente conosce. Nessuno ha bisogno del Suo intervento nel mondo, che esiste, che è autosufficiente, trasparente alla conoscenza umana, grazie alla ricerca scientifica sempre più libero dai misteri, sempre più sottomesso all'uomo come inesauribile miniera di materie prime, all'*uomo-demiurgo* della moderna tecnica. *Proprio questo mondo deve rendere felice l'uomo.*

Cristo, invece, dice a Nicodemo che Dio «ha tanto amato il mondo da dare il suo Figlio unigenito, perché l'uomo non muoia» (cfr. *Gv* 3,16). In tal modo Gesù fa capire che il mondo non è la fonte della definitiva felicità dell'uomo. Anzi, può diventare fonte della sua perdizione. Questo mondo che appare come grande cantiere di conoscenze elaborate dall'uomo, come progresso e civiltà, questo mondo come moderno sistema di mezzi di comunicazione, come ordinamento di libertà democratiche senza alcuna limitazione, ebbene, questo mondo non è in grado di rendere l'uomo felice.

Quando Cristo parla dell'amore che il Padre ha per il mondo, non fa che echeggiare l'iniziale affermazione del Libro della Genesi, che accompagna la descrizione della creazione: «Dio vide che era cosa buona ... era cosa molto buona» (1,12 e 31). Ma tale affermazione non costituisce mai un'*assolutizzazione salvifica*. Il mondo non è in grado di rendere felice l'uomo. Non è in grado di salvare dal male, in tutte le sue specie e forme: malattie, epidemie, cataclismi, catastrofi e simili. Questo stesso mondo, con le sue ricchezze e con le sue carenze, ha bisogno di essere tratto in salvo, di essere redento.

Il mondo non è capace di liberare l'uomo dalla sofferenza, in particolare non è in grado di liberarlo dalla morte. *L'intero mondo è sottoposto alla «precarietà»*, come dice san Paolo nella Lettera ai Romani: è sottoposto alla corruzione e alla mortalità. Nella dimensione corporea lo è anche l'uomo. L'immortalità non appartiene a questo mondo. Può venire all'uomo esclusivamente da Dio. Perciò Cristo parla dell'amore di Dio che si esprime nell'invio del Figlio unigenito, perché l'uomo «non muoia, ma abbia la vita eterna» (*Gv* 3,16). *La vita eterna può essere data all'uomo solo da Dio, può essere soltanto un Suo dono.* Non può essere data all'uomo dal mondo creato. La creazione – e l'uomo insieme con essa – è stata sottoposta alla «caducità» (cfr. *Rm* 8,20).

«Il Figlio dell'uomo non è venuto al mondo per giudicarlo, ma per salvarlo» (cfr. *Gv* 3,17). Il mondo che il Figlio dell'uomo ha trovato quando s'è fatto uomo meritava la condanna, e ciò *a motivo del peccato* che aveva dominato tutta la storia, cominciando dalla caduta dei progenitori. Ma questo è un altro punto che il pensiero postilluministico assolutamente non accetta. *Non accetta la realtà del peccato e, in particolare, non accetta il peccato originale.*

Quando, durante l'ultima visita in Polonia, ho scelto come tema delle omelie il decalogo e il comandamento dell'amore, tutti i polacchi seguaci del «programma illuministico» se ne ebbero a male. Il Papa che tenta di convincere del peccato umano il mondo diventa, per questa mentalità, una *persona non gradita.* Obiezioni di questo tipo urtano proprio contro ciò che san Giovanni ha espresso con le parole di Cristo, il quale annunciava la venuta dello Spirito Santo che «*convincerà il mondo quanto al peccato*» (16,8). Che cos'altro può fare la Chiesa?

Tuttavia, convincere del peccato non equivale a condannare: il Figlio dell'uomo non è venuto nel mondo per condannarlo, ma per salvarlo. *Convincere del peccato vuol dire creare le condizioni per la salvezza.* La prima condizione della salvezza è la conoscenza della propria peccaminosità, anche di quella ereditaria; è poi la confessione di essa davanti a Dio, il quale altro non attende che ricevere questa confessione per salvare l'uomo. *Salvare, cioè abbracciare e sollevare con amore redentivo,* con amore che è *sempre più grande* di ogni peccato. La parabola del figliol prodigo rimane a questo proposito un paradigma insuperabile.

Come vede, la storia della salvezza è qualcosa di *molto semplice*. Ed è storia che si svolge entro la storia terrena dell'umanità, cominciando dal primo Adamo, attraverso la Rivelazione del secondo Adamo, Gesù Cristo (cfr. *1Cor* 15,45), fino al definitivo compimento della storia del mondo in Dio, quando Egli sarà «tutto in tutti» (*1Cor* 15,28).

Contemporaneamente, questa storia ha la *dimensione della vita di ogni uomo*. In un certo senso, è contenuta per intero nella parabola del figliol prodigo, oppure nelle parole che Cristo rivolse all'adultera: «Neanch'io ti condanno; va' e d'ora in poi non peccare più» (*Gv* 8,11).

La storia della salvezza si sintetizza nella fondamentale constatazione di un grande intervento di Dio nella storia dell'uomo. Tale intervento raggiunge il suo culmine nel Mistero pasquale – la Passione, Morte, Risurrezione e Ascensione al cielo di Gesù – e viene completato nella Pentecoste, con la discesa dello Spirito Santo sugli apostoli. Questa storia, mentre rivela la volontà salvifica di Dio, rivela anche la *missione della Chiesa*. È la storia di tutti gli uomini e dell'intera famiglia umana, creata all'inizio e poi ricreata in Cristo e nella Chiesa. Sant'Agostino ha avuto una profonda intuizione di tale storia quando ha scritto il *De civitate Dei*. Ma non è stato il solo.

La storia della salvezza offre sempre nuova ispirazione per l'interpretazione della storia dell'umanità. Perciò, numerosi pensatori e storici contemporanei si interessano anche della storia della salvezza. Essa propone infatti il tema più appassionante. Tutti gli interrogativi che il Concilio Vaticano II si è posto si riducono, in definitiva, a questo tema.

La storia della salvezza non riprende soltanto la questione della storia dell'uomo, ma affronta il *problema del senso della sua esistenza*. Perciò è, allo stesso tempo, *storia* e *metafisica*. Si potrebbe anzi dire che è la forma di teologia *più integrale*, la teologia di tutti gli incontri tra Dio e il mondo. La *Gaudium et spes* conciliare non è nient'altro che un'attualizzazione di questo grande tema.

10
Un Dio-amore: ma perché tanto male?

Prospettive grandiose, affascinanti e che, per i credenti, sono di certo conferme ulteriori per la loro speranza.

Eppure, non possiamo ignorare come in tutti i secoli anche dei cristiani, nell'ora della prova, si siano posta una domanda tormentosa. Come continuare, cioè, a confidare in un Dio che sarebbe Padre misericordioso, in un Dio che – come rivela il Nuovo Testamento e come Ella, appassionatamente, ripete – sarebbe l'Amore stesso, di fronte alla sofferenza, all'ingiustizia, alla malattia, alla morte che sembrano dominare la grande storia del mondo e la piccola, quotidiana storia di ciascuno di noi?

Stat crux dum volvitur orbis (la croce resta salda mentre il mondo gira). Come ho detto prima, ci troviamo proprio al centro della storia della salvezza. Lei non poteva naturalmente tralasciare ciò che è *fonte di dubbi ricorrenti* non soltanto riguardo alla bontà di Dio, ma alla stessa Sua esistenza. Come ha potuto Dio permettere tante guerre, i campi di concentramento, l'olocausto?

Il Dio che permette tutto questo è ancora davvero Amore, come proclama san Giovanni nella sua Prima Lettera? Anzi, è Egli giusto nei riguardi della Sua creazione? Non carica troppo le spalle dei singoli uomini? Non lascia l'uomo solo con questi pesi, condannandolo a una vita senza speranza? Tanti malati incurabili negli ospedali, tanti bambini handicappati, tante vite umane totalmente estromesse dall'ordinaria felicità umana sulla terra, dalla felicità che proviene dall'amore, dal matrimonio, dalla famiglia! Tutto questo insieme crea un quadro cupo, che ha trovato la sua espressione nella letteratura antica e moderna. Basti ricordare Fëdor Dostoevskij, Franz Kafka o Albert Camus.

Dio ha creato l'uomo razionale e libero e, per ciò stesso, si è sottoposto al suo giudizio. *La storia della salvezza è anche la storia dell'incessante giudizio dell'uomo su Dio.* Non semplicemente degli interrogativi, dei dubbi, ma di un vero e proprio giudizio. In parte, il veterotestamentario Libro di Giobbe è il paradigma di questo giudizio. A ciò si aggiunge l'intervento dello spirito maligno, che con perspicacia ancor maggiore è disposto a giudicare non soltanto l'uomo, ma anche l'azione di Dio nella storia dell'uomo. Se ne ha una conferma nello stesso Libro di Giobbe.

Scandalum Crucis, lo scandalo della Croce. Nelle domande precedenti lei aveva posto in modo preciso il problema: era necessario per la salvezza dell'uomo che Dio desse Suo Figlio alla morte di croce?

Sullo sfondo di ciò su cui stiamo riflettendo ora, occorre domandarci: poteva essere diversamente? Poteva Dio, diciamo, *giustificarsi davanti alla storia dell'uomo*, così carica di sofferenza, diversamente che ponendo al centro di tale storia proprio la Croce di Cristo?

Ovviamente, una risposta potrebbe essere che Dio non ha bisogno di giustificarsi davanti all'uomo. È sufficiente che sia onnipotente. In tale prospettiva, tutto ciò che fa o che permette deve essere accettato. Questa è la posizione del biblico Giobbe. Ma Dio, che, oltre a essere Onnipotenza, è Sapienza e – ripetiamolo una volta ancora – Amore, desidera, per così dire, giustificarsi davanti alla storia dell'uomo. Non è l'Assoluto che sta al di fuori del mondo, e al quale pertanto è indifferente la sofferenza umana. È l'Emmanuele, il Dio-con-noi, un Dio che condivide la sorte dell'uomo e partecipa al suo destino. Qui viene alla luce un'altra insufficienza, addirittura la falsità di quell'immagine di Dio che l'illuminismo ha accettato senza obiezioni. Rispetto al Vangelo, esso ha costituito certamente un passo indietro, non nella direzione di una migliore conoscenza di Dio e del mondo, ma in quella della loro incomprensione.

No, assolutamente no! Dio non è qualcuno che sta soltanto al di fuori del mondo, contento di essere in Se stesso il più sapiente e onnipotente. *La Sua sapienza e onnipotenza si pongono, per libera scelta, al servizio della creatura.* Se nella storia umana è presente la sofferenza, si capisce perché la Sua onnipotenza si è manifestata *con l'onnipotenza dell'umiliazione mediante la Croce*. Lo scandalo della Croce rimane la chiave di interpretazione del grande mistero della sofferenza, che appartiene in modo così organico alla storia dell'uomo.

In ciò concordano persino i critici contemporanei del cristianesimo. Anch'essi vedono che il Cristo crocifisso è una *prova della solidarietà di Dio con l'uomo sofferente*. Dio si mette dalla parte dell'uomo. Lo fa in modo radicale: «assumendo la condizione di servo ... umiliò se stesso facendosi obbediente fino alla morte e alla morte di croce» (*Fil* 2,7-8). Tutto è contenuto in questo: tutte le sofferenze individuali e le sofferenze collettive, quelle causate dalla forza della natura e quelle provocate dalla libera volontà umana, le guerre e i gulag e gli olocausti; l'olocausto ebraico, ma anche, per esempio, l'olocausto degli schiavi neri dell'Africa.

11
Impotenza divina?

Tuttavia, è ben nota l'obiezione di molti: in questo modo, la domanda sul dolore e il male del mondo non sarebbe davvero affrontata, ma soltanto spostata. Infatti, la fede afferma che Dio è onnipotente. Perché, allora, non ha eliminato e continua a non eliminare la sofferenza da un mondo che Egli stesso ha creato? Non ci troveremmo, qui, davanti a una sorta di «impotenza divina» della quale parlano anche spiriti di sincera, seppur tormentata, religiosità?

Sì, in un certo senso lo si può dire: *di fronte alla libertà umana Dio ha voluto rendersi «impotente»*. E si può dire che Dio stia pagando per il grande dono concesso a un essere da Lui creato «a Sua immagine e somiglianza» (cfr. *Gn* 1,26). Egli rimane coerente di fronte a un simile dono. E per questo *si pone davanti al giudizio dell'uomo*, davanti a un tribunale usurpatore che Gli fa delle domande provocatorie (cfr. *Gv* 18): «È vero che tu sei un re?», «È vero che tutto ciò che succede nel mondo, nella storia d'Israele, nella storia di tutte le nazioni, dipende da te?».

Sappiamo qual è la risposta che Cristo ha dato a tale domanda davanti al tribunale di Pilato: «Per questo io sono nato e per questo sono venuto nel mondo: per rendere testimonianza alla verità» (*Gv* 18,37). Ma allora: «Che cos'è la verità?» (*Gv* 18,38). E qui termina il procedimento giudiziario, quel drammatico procedimento in cui l'uomo ha posto Dio sotto accusa davanti al tribunale della propria storia. E in cui la sentenza non viene emessa conformemente alla verità. Pilato dice: «Io non trovo in lui nessuna colpa» (*Gv* 18,38; 19,6) e, un attimo dopo, ordina: «Prendetelo voi e crocifiggetelo!» (*Gv* 19,6). In questo modo, si lava le mani della questione e ne ritorce la responsabilità sulla folla violenta.

Così, dunque, *la condanna di Dio da parte dell'uomo non si basa sulla verità, ma sulla prepotenza, sulla subdola congiura*. Non è proprio questa la verità della storia dell'uomo, la verità del nostro secolo? Ai nostri giorni tale condanna è stata ripetuta in numerosi tribunali nell'ambito dei regimi di sopraffazione totalitaria. E non la si ripete anche nei parlamenti democratici, quando, per esempio, mediante una legge regolarmente emanata, si condanna a morte l'uomo non ancora nato?

Dio è sempre dalla parte dei sofferenti. La Sua onnipotenza si manifesta proprio nel fatto che ha accettato liberamente la sofferenza. Avrebbe potuto non farlo. Avrebbe potuto dimostrare la Propria onnipotenza persino al momento della Crocifissione. Gli veniva infatti proposto: «Scendi dalla croce e ti crederemo» (cfr. *Mc* 15,32). Ma non ha raccolto quella sfida. Il fatto che sia restato sulla croce fino alla fine, il fatto che sulla croce abbia potuto dire, come tutti i sofferenti: «Dio mio, Dio mio, perché mi hai abbandonato?» (*Mc* 15,34), questo fatto è rimasto nella storia dell'uomo come *l'argomento più forte.* Se fosse mancata quell'agonia sulla croce, la verità che Dio è Amore sarebbe sospesa nel vuoto.

Sì, Dio è Amore! E proprio per questo ha dato Suo Figlio, per rivelarLo sino alla fine come Amore. Cristo è Colui che «*amò sino alla fine*» (*Gv* 13,1). «Sino alla fine» vuol dire sino all'ultimo respiro. «Sino alla fine» vuol dire accettando tutte le conseguenze del peccato dell'uomo, assumendolo su di Sé. Precisamente così come aveva affermato il profeta Isaia: «si è caricato delle nostre sofferenze ... Noi tutti eravamo sperduti come un gregge, ognuno di noi seguiva la sua strada; il Signore fece ricadere su di lui l'iniquità di noi tutti» (53,4 e 6).

L'Uomo del dolore è la rivelazione di quell'Amore che «tutto sopporta» (*1Cor* 13,7), di quell'Amore che è il «più grande» (cfr. *1Cor* 13,13). È la rivelazione che Dio non soltanto è Amore, ma che anche «riversa amore nei nostri cuori per mezzo dello Spirito Santo» (cfr. *Rm* 5,5).

In definitiva, davanti al Crocifisso, prende in noi il sopravvento l'uomo che è partecipe della redenzione, rispetto all'uomo che pretende di essere giudice accanito delle sentenze divine nella propria vita e in quella dell'umanità.

Così, dunque, ci troviamo *al centro stesso della storia della salvezza*. Il giudizio su Dio diventa un giudizio sull'uomo. La dimensione divina e la dimensione umana di questo evento si incontrano, si incrociano e si sovrappongono. Non è possibile non fermarsi qui. Dal Monte delle Beatitudini la via della Buona Novella porta al Golgota. E passa attraverso il Monte Tabor, cioè il Monte della Trasfigurazione. La difficoltà del Golgota e la sua provocazione sono così grandi, che Dio stesso volle avvertire gli apostoli di quanto doveva accadere tra il Venerdì Santo e la Domenica di Pasqua.

L'eloquenza definitiva del Venerdì Santo è la seguente: *uomo, tu che giudichi Dio*, che Gli ordini di giustificarsi davanti al tuo tribunale, pensa a te stesso, se non sia tu il responsabile della morte di questo Condannato, *se il giudizio su Dio non sia in realtà giudizio su te stesso*. Rifletti se questo giudizio e il suo esito – la Croce e poi la Risurrezione – non rimangano per te l'unica via per la salvezza.

Quando l'arcangelo Gabriele annunziava alla Vergine di Nazareth la nascita del Figlio, rivelando che il Suo Regno non avrebbe avuto fine (cfr. *Lc* 1,33), era certamente difficile prevedere che quelle parole preludevano a un tale futuro; che il Regno di Dio nel mondo sarebbe stato realizzato a un tale prezzo; che da quel momento la storia della salvezza dell'intera umanità avrebbe dovuto seguire una tale strada.

Soltanto da quel momento? O non anche sin dall'inizio? L'evento del Golgota è un fatto storico. Tuttavia esso non è limitato nel tempo e nello spazio. Risale nel passato sino al principio e apre al futuro sino al termine della storia. Comprende in se stesso luoghi e tempi, comprende tutti gli uomini. Cristo è l'*attesa* ed è, contemporaneamente, il *compimento*. «Non vi è infatti altro Nome dato agli uomini sotto il cielo nel quale sia stabilito che possiamo essere salvati» (*At* 4,12).

Il cristianesimo è una religione di salvezza, cioè soteriologica, per usare il termine della teologia. La soteriologia cristiana si concentra nell'ambito del Mistero pasquale. Per sperare di essere salvato da Dio, l'uomo deve fermarsi sotto la Croce di Cristo. Poi, la domenica dopo il Sabato Santo, deve trovarsi davanti al sepolcro vuoto e udire, come le donne di Gerusalemme: «Non è qui. È risorto» (*Mt* 28,6). Tra la Croce e la Risurrezione è contenuta la certezza che Dio salva l'uomo, che Egli lo salva per mezzo di Cristo, per mezzo della Sua Croce e della Sua Risurrezione.

12
È così che ci salva

Il Santo Padre non ignora che, nella cultura attuale, noi, gente comune, rischiamo di non comprendere più neppure il significato vero delle basi stesse della prospettiva cristiana.

Le chiedo, dunque: in concreto, per la fede, che significa «salvare»? Cos'è questa «salvezza» che, come Ella ripete, è il cuore del cristianesimo?

Salvare significa liberare dal male. Qui non si tratta soltanto del male sociale, come l'ingiustizia, la costrizione, lo sfruttamento; né soltanto delle malattie, delle catastrofi, dei cataclismi naturali e di tutto ciò che nella storia dell'umanità viene qualificato come disgrazia.

Salvare vuol dire liberare dal *male radicale, definitivo.* Tale male non è più nemmeno la morte. Non lo è più, se viene seguita dalla Risurrezione. E la Risurrezione avviene per opera di Cristo. *Per opera del Redentore la morte cessa di essere un male definitivo, viene sottomessa alla potenza della vita.*

Il mondo non ha una simile potenza. Il mondo, che può perfezionare le sue tecniche terapeutiche nei vari ambiti, non ha la potenza di liberare l'uomo dalla morte. E per questo il mondo non può essere fonte di salvezza per l'uomo. *Soltanto Dio salva,* e salva l'intera umanità in Cristo. *Lo stesso nome Gesù, Jeshua (Dio che salva),* parla di questa salvezza. Nella storia lo avevano portato vari israeliti, ma si può dire che esso attendesse solo questo Figlio d'Israele, che doveva confermare la Sua verità: «Non sono forse io, il Signore? Fuori di me non c'è altro Dio; Dio giusto e salvatore non c'è fuori di me» (*Is* 45,21).

Salvare vuol dire *liberare dal male radicale.* Tale male non è soltanto il progressivo declino dell'uomo col passare del tempo e il suo inabissamento finale nella morte. Male ancor più radicale è il rifiuto dell'uomo da parte di Dio, cioè la *dannazione eterna* come conseguenza del rifiuto di Dio da parte dell'uomo.

La dannazione è l'opposto della salvezza. L'una e l'altra si collegano con il destino dell'uomo a vivere eternamente. L'una e l'altra presuppongono l'immortalità dell'essere umano. La morte temporale non può distruggere il destino dell'uomo alla vita eterna.

E che cos'è questa vita eterna? Essa è la felicità che proviene dall'*unione con Dio.* Cristo afferma: «Questa è la vita eterna: che conoscano te, l'unico vero Dio, e colui che hai mandato, Gesù Cristo» (*Gv* 17,3). L'unione con Dio si attua nella visione dell'Essere divino «faccia a faccia» (*1Cor* 13,12), visione detta «beatifica», perché porta con sé il definitivo compimento dell'aspirazione dell'uomo alla verità. In luogo delle tante verità parziali, raggiunte dall'uomo mediante la conoscenza prescientifica e scientifica, la visione di Dio «faccia a faccia» consente di godere dell'*assoluta pienezza della verità.* In questo modo viene definitivamente soddisfatta l'aspirazione umana a conoscere il vero.

La salvezza, tuttavia, non si riduce a questo. Conoscendo Dio «faccia a faccia», l'uomo incontra l'*assoluta pienezza del bene.* L'intuizione platonica dell'idea di bene ha trovato nel cristianesimo la sua conferma ultrafilosofica e definitiva. Non si tratta qui dell'unione con l'idea del bene, ma dell'unione con il Bene stesso. Dio è questo Bene. Al giovane che chiedeva: «Maestro buono, che cosa devo fare per avere la vita eterna?», Cristo rispose: «Perché mi chiami buono? Nessuno è buono se non Dio solo» (*Mc* 10,17-18).

Come pienezza del Bene, *Dio è pienezza della vita.* La vita è in Lui e da Lui, non ha limiti di tempo né di spazio. È «vita eterna», partecipazione alla vita di Dio stesso, e si realizza nell'eterna comunione del Padre, del Figlio e dello Spirito Santo. Il dogma della Santissima Trinità esprime la verità sulla vita intima di Dio ed esorta ad accoglierla. In Gesù Cristo l'uomo viene chiamato a tale partecipazione e viene condotto verso di essa.

La vita eterna è proprio questo. La Morte di Cristo dà la vita, perché consente al credente di aver parte alla Sua Risurrezione. La Risurrezione stessa è la rivelazione della vita, che si conferma oltre il confine della morte. Non ancora morto e risorto, Cristo risuscitò Lazzaro e, prima di farlo, ebbe il significativo colloquio con le sue sorelle. Marta dice: «Signore, se tu fossi stato qui, mio fratello non sarebbe morto». Cristo risponde: «Tuo fratello risusciterà». Marta ribatte: «So che risusciterà nell'ultimo giorno». Gesù: «Io sono la risurrezione e la vita ... chiunque vive e crede in me, non morrà in eterno» (*Gv* 11,21 e 23-26).

Queste parole in occasione della risurrezione di Lazzaro contengono la verità sulla risurrezione dei corpi a opera di Cristo. La Sua Risurrezione, la Sua vittoria sulla morte, abbracciano ogni uomo. Siamo chiamati alla salvezza, cioè siamo chiamati alla partecipazione alla vita che si è rivelata mediante la Risurrezione di Cristo.

Secondo san Matteo questa risurrezione deve essere preceduta dal *giudizio* sulle opere di carità, adempiute o invece trascurate. In conseguenza del giudizio, i giusti vengono destinati alla vita eterna. Esiste anche la destinazione all'eterna dannazione, che altro non è se non il definitivo rifiuto di Dio, la definitiva rottura della comunione con il Padre e il Figlio e lo Spirito Santo. *In essa non è tanto Dio a respingere l'uomo, quanto l'uomo a respingere Dio.*

L'eterna dannazione è certamente annunciata nel Vangelo. In che misura trova attuazione nella vita oltre la tomba? Questo è, in definitiva, un grande mistero. Non è possibile però dimenticare che Dio «vuole che tutti gli uomini siano salvati e arrivino alla conoscenza della verità» (*1Tm* 2,4).

La felicità che scaturisce dalla conoscenza della verità, dalla visione di Dio faccia a faccia, dalla partecipazione alla Sua vita, questa felicità viene così profondamente incontro all'aspirazione inscritta nell'essenza dell'uomo che le parole appena citate dalla Prima Lettera a Timoteo appaiono pienamente motivate: Colui che ha creato l'uomo con questa fondamentale propensione non può comportarsi diversamente da quanto è scritto nel testo rivelato, non può cioè non volere «che tutti gli uomini siano salvati e arrivino alla conoscenza della verità».

Il cristianesimo è una religione salvifica, soteriologica. La soteriologia è quella della Croce e della Risurrezione. Il Dio che vuole che «l'uomo viva» (cfr. *Ez* 18,23) gli si avvicina mediante la Morte del Figlio per rivelargli la vita, alla quale lo chiama in Dio stesso. Ogni uomo che cerchi la salvezza, non soltanto il cristiano, deve fermarsi davanti alla Croce di Cristo.

Saprà egli accettare la verità del Mistero pasquale, oppure no? Saprà credere? È già un'altra questione. *Questo Mistero di salvezza è un fatto ormai compiuto.* Dio ha abbracciato tutti con la Croce e la Risurrezione di Suo Figlio. Dio abbraccia tutti con la vita che si è rivelata nella Croce e nella Risurrezione e che sempre nuovamente prende inizio da essa. *Il Mistero pasquale è ormai innestato nella storia dell'umanità*, nella storia di ogni uomo, come è significato dalla «vite e i tralci» dell'allegoria riportata da Giovanni (cfr. 15,1-8).

La soteriologia cristiana è *soteriologia della pienezza di vita.* Non è soltanto soteriologia della *verità* scoperta nella Rivelazione, ma contemporaneamente è anche soteriologia dell'*amore.* In un certo senso essa è *prima di tutto soteriologia del Divino Amore.*

Soprattutto l'amore, infatti, possiede una potenza salvifica. La potenza salvifica dell'amore, secondo le parole di san Paolo nella sua Prima Lettera ai Corinti, è più grande di quella della pura conoscenza della verità: «Queste dunque le tre cose che rimangono: la fede, la speranza e la carità; ma di tutte più grande è la carità!» (13,13). La salvezza per mezzo dell'amore è, allo stesso tempo, partecipazione alla pienezza della verità, e anche alla pienezza della bellezza. Tutto questo è in Dio. Tutti questi «tesori di vita e di santità» (*Litanie del Sacro Cuore di Gesù*) Dio li ha aperti davanti all'uomo in Cristo.

Il fatto che il cristianesimo sia una religione soteriologica si esprime nella *vita sacramentale della Chiesa*. Cristo, il quale venne perché «avessimo la vita e l'avessimo in abbondanza» (cfr. *Gv* 10,10), schiude davanti a noi le fonti di questa vita. Lo fa in modo particolare mediante il Mistero pasquale di Morte e Risurrezione. A esso sono legati sia il Battesimo sia l'Eucaristia, sacramenti che creano nell'uomo il germe della vita eterna. Nel Mistero pasquale Cristo ha fissato la potenza rigenerativa del sacramento della Riconciliazione. Dopo la Risurrezione Egli ha detto agli apostoli: «Ricevete lo Spirito Santo; a chi rimetterete i peccati saranno rimessi» (*Gv* 20,22-23).

Il fatto che il cristianesimo sia una religione soteriologica trova anche la sua espressione nel *culto*. Al centro di tutto l'*opus laudis* (opera, lavoro di lode) c'è la celebrazione della Risurrezione e della vita.

La *Chiesa orientale* nella sua liturgia si è concentrata fondamentalmente sulla Risurrezione. La *Chiesa occidentale*, pur conservando il primato della Risurrezione, è andata oltre *nella direzione della Passione*. Il culto della Croce di Cristo ha modellato la storia della pietà cristiana e ha motivato i più grandi santi che la Chiesa abbia espresso dal suo seno nello spazio dei secoli. Tutti, cominciando da san Paolo, si sono «vantati della croce di Cristo» (cfr. *Gal* 6,14). Tra loro occupa un posto particolare san Francesco d'Assisi, ma non solo lui. Non c'è santità cristiana senza devozione alla Passione, come non c'è santità senza il primato del Mistero pasquale.

La *Chiesa orientale* attribuisce grande importanza alla *festa della Trasfigurazione*. I santi ortodossi esprimono prima di tutto questo mistero. I santi della Chiesa cattolica non di rado furono stigmatizzati, a cominciare da Francesco d'Assisi. Essi hanno portato in sé il segno fisico della loro somiglianza a Gesù nella Sua Passione. In tal modo, nell'arco di duemila anni, si è formata questa *grande sintesi di vita e di santità, il cui centro è sempre Cristo.*

Pur con tutto il suo orientamento verso la vita eterna, verso quella felicità che si trova in Dio stesso, il cristianesimo, e specialmente il cristianesimo occidentale, non è mai divenuto una religione indifferente nei riguardi del mondo. È sempre stato *aperto al mondo, ai suoi interrogativi, alle sue inquietudini, alle sue attese.* Ciò è espresso in modo particolare nella Costituzione pastorale *Gaudium et spes,* che proviene dall'iniziativa personale di Giovanni XXIII. Prima di morire, Papa Roncalli fece ancora in tempo a trasmetterla al Concilio, come suo desiderio personale.

L'*aggiornamento* non è soltanto il rinnovamento della Chiesa in se stessa, non è soltanto l'unità dei cristiani, «perché il mondo creda» (*Gv* 17,21): è anche, e soprattutto, azione salvifica in favore del mondo. È azione salvifica concentrata su questa forma del mondo che passa, ma costantemente orientata verso l'eternità, verso la pienezza della vita. La Chiesa non perde di vista tale pienezza definitiva, alla quale ci conduce Cristo. In ciò viene confermata, mediante tutte le dimensioni della vita umana, della vita temporale, la costituzione soteriologica della Chiesa. La Chiesa è corpo di Cristo: corpo vivo e che dà la vita a ogni cosa.

13
Perché tante religioni?

Ma se il Dio che è nei cieli – e che ha salvato e salva il mondo – è Uno solo, ed è Quello che si è rivelato in Gesù Cristo, perché ha permesso tante religioni?

Perché renderci così ardua la ricerca della verità, in mezzo alla foresta dei culti, delle credenze, delle rivelazioni, delle fedi che sempre – e oggi ancora – vigoreggiano tra ogni popolo?

Lei parla di tante religioni. Io invece tenterò di mostrare che cosa costituisce per queste religioni il *comune elemento fondamentale* e la *comune radice*.

Il Concilio ha definito le relazioni della Chiesa con le religioni non cristiane nella Dichiarazione che inizia con le parole: «*Nostra aetate*» (Nel nostro tempo). È un documento conciso, eppure molto ricco. Vi è contenuta un'autentica trasmissione della tradizione: quanto vi è detto corrisponde a ciò che pensavano i Padri della Chiesa già dai tempi più antichi.

La Rivelazione cristiana, sin dall'inizio, ha rivolto alla storia spirituale dell'uomo uno sguardo in cui entrano in qualche modo tutte le religioni, mostrando l'*unità del genere umano riguardo agli eterni e ultimi destini dell'uomo*. La dichiarazione conciliare parla di tale unità, ricollegandosi alla propensione tipica del nostro tempo ad avvicinare e unire l'umanità in virtù dei mezzi di cui dispone la civiltà attuale. La Chiesa vede l'impegno a favore di questa unità come uno dei propri compiti: «*Una sola comunità infatti costituiscono i vari popoli*. Essi hanno una sola origine poiché Dio ha fatto abitare l'intero genere umano su tutta la faccia della terra; essi hanno anche un solo fine ultimo, Dio, la cui provvidenza, testimonianza di bontà e disegno di salvezza si estendono a tutti ... Gli uomini *attendono dalle varie religioni la risposta ai reconditi enigmi della condizione umana*, che oggi come ieri turbano profondamente il cuore dell'uomo: la natura dell'uomo, il senso e il fine della nostra vita, il bene e il peccato, l'origine e il fine del dolore, la via per raggiungere la vera felicità, la morte, il giudizio e la sanzione dopo la morte, infine l'ultimo e ineffabile mistero che circonda la nostra esistenza, donde noi traiamo la nostra origine e verso cui tendiamo. Dai tempi più antichi fino ad oggi presso i vari popoli si trova una certa sensibilità di quella forza arcana che è presente al corso delle cose e agli avvenimenti della vita umana, ed anzi talvolta si riconosce la Divinità Suprema o anche il Padre. Sensibilità e conoscenza che compenetrano la loro vita di un intimo senso religioso. Le religioni, invece, connesse col progresso della cultura, si sforzano di rispondere alle stesse questioni con nozioni più raffinate e con un linguaggio più elaborato» (*Nostra aetate*, nn. 1-2).

E qui la dichiarazione conciliare ci conduce verso l'*Estremo Oriente*. Prima di tutto verso l'Est asiatico, un continente nel quale l'attività missionaria della Chiesa, intrapresa sin dai tempi apostolici, ha portato frutti, dobbiamo riconoscere, modestissimi. È risaputo che soltanto una ridotta percentuale della popolazione, in questo che è il più grande continente, confessa Cristo.

Ciò non significa che l'impegno missionario della Chiesa sia stato trascurato. Tutt'altro: l'impegno è stato ed è sempre intenso. Eppure *la tradizione di culture molto antiche*, anteriori al cristianesimo, *rimane in Oriente molto forte*. Se la fede in Cristo trova accesso ai cuori e alle menti, tuttavia l'immagine della vita nelle società occidentali (le cosiddette società «cristiane»), che è piuttosto un'antitestimonianza, costituisce un notevole ostacolo all'accettazione del Vangelo. Ne ha fatto più volte cenno il Mahatma Gandhi, indiano e indù, a suo modo profondamente evangelico, e tuttavia deluso da come il cristianesimo si esprimeva nella vita politica e sociale delle nazioni. Poteva un uomo, che combatteva per la liberazione della sua grande nazione dalla dipendenza coloniale, accettare il cristianesimo nella forma a esso conferita proprio dalle potenze coloniali?

Il Concilio Vaticano II s'è reso conto di tali difficoltà. Proprio per questo la dichiarazione sulle relazioni della Chiesa con l'induismo e con le altre religioni dell'Estremo Oriente è così importante. Vi leggiamo: «Nell'*induismo*, gli uomini scrutano il mistero divino e lo esprimono con l'inesauribile fecondità dei miti e con i penetranti tentativi della filosofia; essi cercano la liberazione dalle angosce della nostra condizione, sia attraverso forme di vita ascetica, sia nella meditazione profonda, sia nel rifugio in Dio con amore e confidenza. Nel *buddismo*, secondo le sue varie scuole, viene riconosciuta la radicale insufficienza di questo mondo mutevole e si insegna una via per la quale gli uomini, con cuore devoto e confidente, siano capaci di acquistare lo stato di liberazione perfetta o di pervenire allo stato di illuminazione suprema per mezzo dei propri sforzi o con l'aiuto venuto dall'alto» (*Nostra aetate*, n. 2).

Più avanti, il Concilio ricorda che «*la Chiesa cattolica nulla rigetta di quanto è vero e santo in queste religioni*. Essa considera con sincero rispetto quei modi di agire e di vivere, quei precetti e quelle dottrine che, sebbene in molti punti differiscano da quanto essa stessa crede e propone, tuttavia non raramente *riflettono un raggio di quella verità che illumina tutti gli uomini*. Essa però annuncia, ed è tenuta ad annunciare, il *Cristo che è "via, verità e vita"* (*Gv* 14,6), in cui gli uomini devono trovare la pienezza della vita religiosa e in cui Dio ha riconciliato con Se stesso tutte le cose» (*Nostra aetate*, n. 2).

Le parole del Concilio si richiamano alla convinzione, da tanto tempo radicata nella tradizione, dell'esistenza dei cosiddetti *semina Verbi* (semi del Verbo), presenti in tutte le religioni. Consapevole di ciò, la Chiesa cerca di individuarli in queste grandi tradizioni dell'Estremo Oriente, per tracciare, sullo sfondo delle necessità del mondo contemporaneo, una sorta di via comune. Possiamo affermare che, qui, la posizione del Concilio è ispirata da una *sollecitudine veramente universale*. La Chiesa si lascia guidare dalla fede che *Dio Creatore vuole salvare tutti in Gesù Cristo*, unico mediatore tra Dio e gli uomini, poiché ha redento tutti. Il Mistero pasquale è ugualmente aperto a tutti gli uomini e, in esso, a tutti è aperta anche la strada verso la salvezza eterna.

In un altro passo il Concilio dirà che lo Spirito Santo opera efficacemente anche fuori dell'organismo visibile della Chiesa (cfr. *LG* n. 13). Opera proprio in base a questi *semina Verbi*, che costituiscono quasi una *comune radice soteriologica di tutte le religioni*.

Ebbi occasione di convincermi di ciò numerose volte, sia *visitando i paesi dell'Estremo Oriente*, sia incontrando i rappresentanti di quelle religioni, specialmente durante lo storico *incontro di Assisi*, nel quale ci trovammo insieme a pregare per la pace.

Così, dunque, invece di meravigliarci che la Provvidenza permetta una tanto grande varietà di religioni, ci si dovrebbe piuttosto stupire dei numerosi elementi comuni che in esse si riscontrano.

A questo punto sarebbe opportuno ricordare tutte le *religioni primitive*, le *religioni di tipo animistico*, che pongono in primo piano il culto degli avi. Sembra che coloro che le praticano siano particolarmente vicini al cristianesimo. Con essi anche l'attività missionaria della Chiesa trova più facilmente un linguaggio comune. C'è, forse, in questa venerazione degli avi, una qualche preparazione alla fede cristiana nella comunione dei santi, per la quale tutti i credenti – vivi o morti che siano – formano un'unica comunità, un unico corpo? E la fede nella comunione dei santi è, in definitiva, fede in Cristo, che Solo è fonte di vita e di santità per tutti. Niente di strano, dunque, che gli animisti africani e asiatici abbastanza facilmente diventino confessori di Cristo, più facilmente dei rappresentanti delle grandi *religioni dell'Estremo Oriente*.

Queste ultime, anche nella presentazione che ne fa il Concilio, possiedono *carattere di sistema*. Sono *sistemi culturali* e, insieme, *sistemi etici*, con un'accentuazione molto forte del bene e del male. A essi appartengono certamente sia il confucianesimo cinese, sia il taoismo: Tao vuol dire eterna verità – qualcosa di simile al cristiano Verbo – che si rispecchia nell'agire dell'uomo mediante la verità e il bene morale. Le religioni dell'Estremo Oriente hanno portato un grande contributo nella storia della moralità e della cultura, hanno formato la coscienza dell'identità nazionale negli abitanti della Cina, dell'India, del Giappone, del Tibet, e anche nei popoli del Sudest dell'Asia, o degli arcipelaghi dell'Oceano Pacifico.

Alcuni di questi popoli hanno culture che risalgono a epoche molto lontane. Gli indigeni australiani vantano una storia di alcune decine di migliaia di anni, e la loro tradizione etnica e religiosa è più antica di quella di Abramo e di Mosè.

Cristo è venuto nel mondo per tutti questi popoli, li ha redenti tutti e ha certamente le Sue vie per giungere a ciascuno di essi, nell'attuale tappa escatologica della storia della salvezza. Di fatto, in quelle regioni, molti Lo accettano e molti di più hanno in Lui una fede implicita (cfr. *Eb* 11,6).

14
Budda?

Prima di passare ai monoteismi, alle altre due religioni (ebrai-smo e islamismo) che adorano un Dio unico, vorrei chiederLe di soffermarsi ancora un poco sul buddismo. In effetti – come Ella ben sa – è, questa, una «dottrina salvifica» che sembra affasci-nare sempre di più molti occidentali, sia come «alternativa» al cristianesimo, sia come una sorta di «completamento», almeno per certe tecniche ascetiche e mistiche.

Sì, lei ha ragione e le sono grato di questa domanda. Tra le religioni indicate dalla *Nostra aetate*, bisogna prestare particolare attenzione al *buddismo*, che sotto un certo punto di vista è, come il cristianesimo, una religione di salvezza. Tuttavia occorre aggiungere subito che le soteriologie del buddismo e del cristianesimo sono, per così dire, contrarie.

In Occidente è ben nota la figura del *Dalai-Lama*, capo spirituale dei tibetani. Anch'io l'ho incontrato alcune volte. Egli avvicina il buddismo agli uomini dell'Occidente cristiano e suscita interesse sia per la spiritualità buddista sia per i suoi metodi di preghiera. Mi fu pure dato di incontrare il «patriarca» buddista a Bangkok in Thailandia, e tra i monaci che lo circondavano c'erano alcune persone provenienti, per esempio, dagli Stati Uniti. Oggi riscontriamo un certo *diffondersi del buddismo in Occidente*.

La *soteriologia del buddismo* costituisce il punto centrale, anzi l'unico, di questo sistema. Tuttavia, sia la tradizione buddista sia i metodi da essa derivanti conoscono quasi esclusivamente una *soteriologia negativa*.

L'«illuminazione» sperimentata da Budda si riduce alla convinzione che il mondo è cattivo, che è fonte di male e di sofferenza per l'uomo. Per liberarsi da questo male bisogna liberarsi dal mondo; bisogna spezzare i legami che ci uniscono con la realtà esterna: dunque, i legami esistenti nella nostra costituzione umana, nella nostra psiche e nel nostro corpo. Più ci liberiamo da tali legami, più ci rendiamo indifferenti a quanto è nel mondo, e più ci liberiamo dalla sofferenza, cioè dal male che proviene dal mondo.

Ci avviciniamo a Dio in questo modo? Nell'«illuminazione» trasmessa da Budda non si parla di ciò. Il buddismo è in misura rilevante un *sistema «ateo»*. Non ci liberiamo dal male attraverso il bene, che proviene da Dio; ce ne liberiamo soltanto mediante il distacco dal mondo, che è cattivo. La pienezza di tale distacco non è l'unione con Dio, ma il cosiddetto nirvana, ovvero uno stato di perfetta indifferenza nei riguardi del mondo. *Salvarsi* vuol dire, prima di tutto, liberarsi dal male, *rendendosi indifferenti verso il mondo che è fonte del male*. In ciò culmina il processo spirituale.

A volte si tenta di stabilire a questo proposito un collegamento con i *mistici cristiani*: sia con quelli del Nordeuropa (Eckhart, Taulero, Suso, Ruysbroeck), sia con quelli successivi dell'area spagnola (santa Teresa d'Avila, san Giovanni della Croce). Ma quando san Giovanni della Croce, nella sua *Salita del monte Carmelo* e nella *Notte oscura*, parla del bisogno di purificazione, di distacco dal mondo dei sensi, non concepisce tale distacco come fine a se stesso. «Per venire a ciò che ora non godi, devi passare per dove non godi. Per giungere a ciò che non sai, devi passare per dove non sai. Per giungere al possesso di ciò che non hai, devi passare per dove ora niente hai» (*Salita del monte Carmelo*, I,13,11). Questi testi classici di san Giovanni della Croce a volte, nell'Est asiatico, vengono interpretati come una conferma dei metodi ascetici propri dell'Oriente. Ma il dottore della Chiesa non propone soltanto il distacco dal mondo. Propone il distacco dal mondo per unirsi a Ciò che è al di fuori del mondo: e non si tratta del nirvana, ma di un Dio personale. L'unione con Lui non si realizza soltanto sulla via della purificazione, ma mediante l'amore.

La mistica carmelitana inizia nel punto in cui cessano le riflessioni di Budda e le sue indicazioni per la vita spirituale. Nella purificazione attiva e passiva dell'anima umana, in quelle specifiche notti dei sensi e dello spirito, san Giovanni della Croce vede prima di tutto la preparazione necessaria affinché l'anima umana possa essere pervasa dalla viva fiamma dell'amore. E tale è anche il titolo della sua opera principale: *Fiamma viva d'Amore*.

Così, nonostante gli aspetti convergenti, c'è un'essenziale divergenza. La *mistica cristiana* di ogni tempo – a partire dall'epoca dei Padri della Chiesa d'Oriente e d'Occidente, attraverso i grandi teologi della scolastica, come san Tommaso d'Aquino, e i mistici nordeuropei, sino a quelli carmelitani – non nasce da un'«illuminazione» puramente negativa, che rende l'uomo consapevole del male che sta nell'attaccamento al mondo mediante i sensi, l'intelletto e lo spirito, ma dalla *Rivelazione del Dio vivente*. Questo Dio si apre all'unione con l'uomo e suscita nell'uomo la capacità di unirsi a Lui, specialmente per mezzo delle virtù teologali: la fede, la speranza e soprattutto l'amore.

La mistica cristiana di tutti i secoli sino ai nostri tempi – e anche la mistica di meravigliosi uomini di azione come Vincenzo de' Paoli, Giovanni Bosco, Massimiliano Kolbe – ha edificato e costantemente edifica il cristianesimo in ciò che esso ha di più essenziale. Edifica anche la Chiesa come comunità di fede, speranza e carità. Edifica la civiltà: in particolare, quella «civiltà occidentale» segnata da un *positivo riferimento al mondo* e sviluppatasi grazie ai risultati della scienza e della tecnica, due branche del sapere radicate sia nella tradizione filosofica dell'antica Grecia, sia nella Rivelazione giudeo-cristiana. La verità su Dio Creatore del mondo e su Cristo suo Redentore è una forza potente che ispira un atteggiamento positivo verso la creazione e una costante spinta a impegnarsi nella sua trasformazione e nel suo perfezionamento.

Il Concilio Vaticano II ha ampiamente confermato questa verità: l'indulgere a un atteggiamento negativo verso il mondo, nella convinzione che per l'uomo esso sia solo fonte di sofferenza e che perciò da esso ci si debba distaccare, non è negativo soltanto perché unilaterale, ma anche perché fondamentalmente contrario allo sviluppo dell'uomo e allo sviluppo del mondo, che il Creatore ha donato e affidato come compito all'uomo.

Leggiamo nella *Gaudium et spes*: «Il *mondo* che esso [il Concilio] ha presente è perciò quello *degli uomini, ossia l'intera famiglia umana* nel contesto di tutte quelle realtà entro le quali essa vive; il mondo che è teatro della storia del genere umano, e reca i segni degli sforzi suoi, delle sue sconfitte e delle sue vittorie; il mondo che i cristiani credono creato e conservato in esistenza dall'amore del Creatore, mondo certamente posto sotto la schiavitù del peccato, ma dal Cristo crocifisso e risorto, con la sconfitta del Maligno, liberato e destinato, *secondo il proposito divino, a trasformarsi e a giungere al suo compimento*» (n. 2).

Tali parole ci mostrano come tra le religioni dell'Estremo Oriente, in particolare il buddismo, e il cristianesimo ci sia un'essenziale differenza nel modo di intendere il mondo. Esso, infatti, è per il cristiano creatura di Dio, redenta da Cristo. Nel mondo l'uomo incontra Dio: non ha perciò bisogno di praticare un così assoluto distacco per ritrovare se stesso nel profondo del Suo intimo mistero. Per il cristianesimo non ha senso parlare del mondo come di un male «radicale», poiché all'inizio del suo cammino si trova Dio Creatore che ama la Propria creatura, un Dio che ha dato «il suo Figlio unigenito, perché chiunque crede in lui non muoia, ma abbia la vita eterna» (*Gv* 3,16).

Non è perciò fuori luogo *mettere sull'avviso* quei cristiani che con entusiasmo *si aprono a certe proposte provenienti dalle tradizioni religiose dell'Estremo Oriente*, in materia, per esempio, di tecniche e metodi di meditazione e di ascesi. In alcuni ambienti sono diventate una specie di moda, che viene accettata in maniera piuttosto acritica. Occorre prima conoscere bene il proprio patrimonio spirituale, e riflettere se sia giusto accantonarlo a cuor leggero. È doveroso far qui riferimento all'importante, anche se breve, documento della Congregazione per la dottrina della fede *Su alcuni aspetti della meditazione cristiana* (15.10.1989). In esso si risponde precisamente al quesito «se e come» la preghiera cristiana «possa essere arricchita da metodi di meditazione nati nel contesto di religioni e culture diverse» (n. 3).

Una questione a parte è la *rinascita delle antiche idee gnostiche nella forma del cosiddetto New Age*. Non ci si può illudere che esso porti a un rinnovamento della religione. È soltanto un nuovo modo di praticare la gnosi, cioè quell'atteggiamento dello spirito che, in nome di una profonda conoscenza di Dio, finisce per stravolgere la Sua Parola sostituendovi parole che sono soltanto umane. La gnosi non si è mai ritirata dal terreno del cristianesimo, ma ha sempre convissuto con esso, a volte sotto forma di corrente filosofica, più spesso con modalità religiose o parareligiose, in deciso anche se non dichiarato contrasto con ciò che è essenzialmente cristiano.

15
Maometto?

Discorso ben diverso, ovviamente, è quello che ci conduce nelle moschee dove (come nelle sinagoghe) si raccolgono coloro che adorano l'Unico, il Dio solo.

Sì, certo: un discorso diverso deve essere fatto per queste grandi *religioni monoteistiche*, a cominciare dall'*islamismo*. Nella più volte citata *Nostra aetate* leggiamo: «La Chiesa guarda anche con stima i musulmani che adorano l'unico Dio, vivente e sussistente, misericordioso e onnipotente, creatore del cielo e della terra» (n. 3). Grazie al loro monoteismo i credenti in Allah sono a noi particolarmente vicini.

Ricordo un evento della mia gioventù. Stavamo visitando, nel convento di San Marco a Firenze, gli affreschi del Beato Angelico. A un certo momento si unì a noi un uomo che, condividendo con noi l'ammirazione per la maestria di quel grande religioso artista, non tardò ad aggiungere: «Però nulla si può paragonare al nostro magnifico monoteismo musulmano». La dichiarazione non ci impedì di continuare la visita e la conversazione in tono amichevole. Fu in quella occasione che quasi pregustai il dialogo tra il cristianesimo e l'islamismo, che si tenta di sviluppare in modo sistematico nel periodo postconciliare.

Chiunque, conoscendo l'Antico e il Nuovo Testamento, legga il Corano, vede con chiarezza *il processo di riduzione della Divina Rivelazione che in esso s'è compiuto*. È impossibile non notare l'allontanamento da ciò che Dio ha detto di Se stesso, prima nell'Antico Testamento per mezzo dei profeti, e poi in modo definitivo nel Nuovo per mezzo del Suo Figlio. Tutta questa ricchezza dell'autorivelazione di

Dio, che costituisce il patrimonio dell'Antico e del Nuovo Testamento, nell'islamismo è stata di fatto accantonata.

Al Dio del Corano vengono dati nomi tra i più belli conosciuti dal linguaggio umano, ma in definitiva è un Dio al di fuori del mondo, un Dio che è *soltanto Maestà, mai Emmanuele*, Dio-con-noi. *L'islamismo non è una religione di redenzione.* Non vi è spazio in esso per la Croce e la Risurrezione. Viene menzionato Gesù, ma solo come profeta in preparazione dell'ultimo profeta, Maometto. È ricordata anche Maria, Sua Madre verginale, ma è completamente assente il dramma della redenzione. Perciò non soltanto la teologia, ma anche l'antropologia dell'Islam è molto distante da quella cristiana.

Tuttavia, *la religiosità dei musulmani merita rispetto.* Non si può non ammirare, per esempio, la loro *fedeltà alla preghiera.* L'immagine del credente in Allah che, senza badare al tempo e al luogo, cade in ginocchio e si immerge nella preghiera, rimane un modello per i confessori del vero Dio, in particolare per quei cristiani che, disertando le loro meravigliose cattedrali, pregano poco o non pregano per niente.

Il Concilio ha chiamato la Chiesa al dialogo anche con i seguaci del «Profeta» e la Chiesa procede lungo questo cammino. Leggiamo nella *Nostra aetate*: «Se, nel corso dei secoli, non pochi dissensi e inimicizie sono sorti tra cristiani e musulmani, il Sacrosanto Concilio esorta tutti a dimenticare il passato e a esercitare sinceramente la mutua comprensione, nonché a difendere e promuovere insieme, per tutti gli uomini, la giustizia sociale, i valori morali, la pace e la libertà» (n. 3).

Da questo punto di vista hanno certamente avuto, come ho già accennato, un grande ruolo gli incontri di preghiera di Assisi (specialmente la preghiera per la pace nella Bosnia, nel 1993), nonché gli incontri con i seguaci dell'islamismo durante i miei numerosi viaggi apostolici in Africa o in Asia, dove talvolta, in un dato paese, la maggioranza dei cittadini era costituita proprio da musulmani: ebbene, nonostante ciò, il Papa veniva accolto con grandissima ospitalità e con pari benevolenza ascoltato.

La visita in Marocco su invito del re Hassan II può essere senza dubbio definita un evento storico. Non si trattò soltanto di una visita di cortesia, ma di un fatto di ordine veramente pastorale. Indimenticabile fu l'incontro con la gioventù allo stadio di Casablanca (1985). Colpiva l'apertura dei giovani nei riguardi della parola del Papa quando illustrava la fede nell'unico Dio. Certamente fu un evento senza precedenti.

Non mancano, tuttavia, anche delle difficoltà molto concrete. Nei paesi dove le *correnti fondamentaliste* arrivano al potere, i diritti dell'uomo e il principio della libertà religiosa vengono interpretati, purtroppo, molto unilateralmente: la libertà religiosa viene intesa come libertà di imporre a tutti i cittadini la «vera religione». La situazione dei cristiani in questi paesi a volte è addirittura drammatica. Gli atteggiamenti fondamentalisti di questo tipo rendono molto difficili i contatti reciproci. Ciononostante, da parte della Chiesa rimane immutabile l'apertura al dialogo e alla collaborazione.

16
La sinagoga di Wadowice

A questo punto – è naturale prevederlo – Sua Santità intende giungere a Israele.

È così. Mediante la sorprendente pluralità delle religioni, che si dispongono fra loro quasi in cerchi concentrici, arriviamo alla religione più vicina a noi: quella del popolo di Dio dell'Antica Alleanza.

Le parole della *Nostra aetate* costituiscono un punto di svolta. Il Concilio dice: «La Chiesa di Cristo infatti riconosce che gli inizi della sua fede e della sua elezione si trovano già, secondo il mistero divino della salvezza, nei Patriarchi, Mosè e i Profeti. ... Per questo la Chiesa non può dimenticare che ha ricevuto la rivelazione dell'Antico Testamento per mezzo di quel popolo con cui Dio, nella sua ineffabile misericordia, si è degnato di stringere l'Antica Alleanza, e che si nutre dalla radice dell'ulivo buono in cui sono stati innestati i rami dell'ulivo selvatico che sono i Gentili. ... Essendo perciò tanto grande il patrimonio spirituale comune a cristiani e ad ebrei, questo Sacro Concilio vuole promuovere e raccomandare tra loro la mutua conoscenza e stima, che si ottengono soprattutto dagli studi biblici e teologici e da un fraterno dialogo» (n. 4).

Dietro le parole della dichiarazione conciliare sta l'esperienza di molti uomini, sia ebrei sia cristiani. Sta anche la *mia esperienza personale* sin dai primissimi anni della mia vita nella città natale. Ricordo innanzitutto la scuola elementare a Wadowice, dove nella mia classe almeno un quarto degli alunni era composto da ragazzi ebrei. E devo ora menzionare la mia amicizia, ai tempi della scuola, con uno di loro, Jerzy Kluger. Amicizia che è continuata dai banchi di scuola sino a oggi. Ho viva davanti agli occhi l'immagine degli ebrei che ogni sabato si recavano alla sinagoga, situata dietro il nostro ginnasio. Ambedue i gruppi religiosi, cattolici ed ebrei, erano uniti, suppongo, dalla consapevolezza di pregare lo stesso Dio. Nonostante la diversità del linguaggio, le preghiere nella chiesa e nella sinagoga si basavano in considerevole misura sugli stessi testi.

Poi venne la seconda guerra mondiale, con i campi di concentramento e lo sterminio programmato. In primo luogo lo subirono proprio i figli e le figlie della nazione ebraica, soltanto perché erano ebrei. Chiunque viveva allora in Polonia venne, anche solo indirettamente, in contatto con tale realtà.

Questa fu, dunque, anche la mia esperienza personale, un'esperienza che ho portato dentro di me fino a oggi. Auschwitz, forse il più eloquente simbolo dell'*olocausto del popolo ebreo*, mostra fin dove può spingersi in una nazione il sistema costruito su premesse di odio razziale e di brama di dominio. Auschwitz non cessa di ammonire ancora ai giorni nostri, ricordando che *l'antisemitismo è un grande peccato contro l'umanità*; che ogni odio razziale finisce inevitabilmente per condurre al conculcamento della dignità umana.

Vorrei ritornare alla sinagoga di Wadowice. Fu distrutta dai tedeschi e oggi non esiste più. Qualche anno fa venne da me Jerzy per dirmi che il luogo in cui si trovava la sinagoga doveva essere onorato da una apposita lapide commemorativa. Debbo ammettere che in quel momento ambedue provammo una profonda commozione. Ci si presentarono davanti agli occhi le immagini delle persone conosciute e care, e quei sabati della nostra infanzia e adolescenza, quando la comunità ebraica di Wadowice si recava alla preghiera. Gli promisi che volentieri avrei scritto una mia nota personale per la circostanza, in segno di solidarietà e di unione spirituale con quell'importante evento. E così fu. La persona che trasmise ai miei concittadini di Wadowice il contenuto di tale lettera fu proprio Jerzy. Quel viaggio gli costò molto. Tutta la sua famiglia, rimasta in quella cittadina, era infatti perita ad Auschwitz, e la visita a Wadowice per l'inaugurazione della lapide commemorativa della sinagoga locale era per lui la prima dopo cinquant'anni.

Dietro le parole della *Nostra aetate* sta, come ho detto, l'esperienza di molti. Torno con il ricordo *al periodo del mio lavoro pastorale a Cracovia*. Cracovia, e specialmente il quartiere Kazimierz, conservano molte tracce della cultura e della tradizione ebraiche. A Kazimierz, prima della guerra, c'erano alcune decine di sinagoghe, in parte grandi monumenti della cultura. Come arcivescovo di Cracovia, ebbi intensi contatti con la comunità ebraica della città. Rapporti molto cordiali mi univano con il suo capo: essi sono continuati anche dopo il mio trasferimento a Roma.

Eletto alla Sede di Pietro, conservo dunque nell'animo ciò che ha radici molto profonde nella mia vita. In occasione dei miei viaggi apostolici nel mondo cerco sempre di incontrare i rappresentanti delle comunità ebraiche. Ma un'esperienza del tutto eccezionale fu per me, senza dubbio, *la visita alla sinagoga romana*. La storia degli ebrei a Roma è un capitolo a parte nella storia di questo popolo, capitolo strettamente collegato, del resto, con gli Atti degli Apostoli. Durante quella visita memorabile, definii gli ebrei come *fratelli maggiori nella fede*. Sono parole che riassumono in realtà quanto ha detto il Concilio, e ciò che non può non essere una profonda convinzione della Chiesa. Il Vaticano II in questo caso non si è dilungato molto, ma quello che ha affermato copre un'immensa realtà: una realtà non soltanto religiosa, ma anche culturale.

Questo straordinario popolo continua a portare dentro di sé i segni dell'elezione divina. Lo dissi una volta parlando con un politico israeliano, il quale concordò volentieri. Aggiunse soltanto: «*Se questo potesse costare meno!...*». Davvero, Israele ha pagato un alto prezzo per la propria «elezione». Forse attraverso ciò è divenuto più simile al Figlio dell'uomo, il quale, secondo la carne, era anche Figlio d'Israele: il duemillesimo anniversario della Sua venuta al mondo sarà festa pure per gli ebrei.

Sono lieto che il mio ministero presso la Sede di Pietro sia capitato nel periodo postconciliare, mentre l'ispirazione che ha guidato la *Nostra aetate* si sta rivestendo di forme concrete. In tale modo si avvicinano tra loro queste due grandi parti della divina elezione: l'Antica e la Nuova Alleanza.

La Nuova Alleanza trova le sue radici in quella Antica. Quando il popolo dell'Antica Alleanza potrà riconoscersi in quella Nuova è, naturalmente, questione da lasciare allo Spirito Santo. Noi, uomini, cerchiamo solo di non ostacolarne il cammino. La forma di questo «non porre degli ostacoli» è certamente il *dialogo cristiano-giudaico*, che è portato avanti per conto della Chiesa dal pontificio consiglio per l'unità dei cristiani.

Sono pure lieto che, quale effetto del processo di pace in atto, pur fra remore e ostacoli, nel Medio Oriente, anche per iniziativa dello Stato di Israele, s'è resa possibile l'*instaurazione di rapporti diplomatici tra la Sede Apostolica e Israele*. Quanto al riconoscimento dello Stato d'Israele, occorre ribadire che non ho avuto mai dubbi in proposito.

Una volta, dopo la conclusione di uno dei miei incontri con le comunità ebraiche, qualcuno dei presenti disse: «Voglio ringraziare il Papa per quanto la Chiesa cattolica ha fatto per la conoscenza del vero Dio nel corso di questi duemila anni».

In queste parole si comprende indirettamente come la Nuova Alleanza serva al compimento di ciò che ha le sue radici nella vocazione di Abramo, nell'Alleanza del Sinai stretta con Israele e in tutto quel ricchissimo patrimonio dei profeti ispirati da Dio, i quali, già centinaia di anni prima del compimento, resero presente tramite i Libri Sacri Colui che Dio doveva mandare nella «pienezza del tempo» (cfr. *Gal* 4,4).

17
Verso il duemila, in minoranza

Perdoni, Santo Padre, ma il mio ruolo è anche quello di una rispettosa «provocazione» a proposito di questioni vive – magari non senza preoccupazioni – pure tra cattolici.

Proseguo, dunque, osservando come Ella sia più volte tornata – con consapevolezza dell'importanza simbolica dell'evento – sull'approssimarsi del terzo millennio dell'èra della Redenzione. Ebbene, stando alle proiezioni statistiche, proprio attorno all'anno duemila, per la prima volta nella storia, i musulmani supereranno come numero i cattolici. Già ora i soli induisti sono più numerosi dei protestanti e degli ortodossi greco-slavi messi insieme. Nei Suoi viaggi apostolici nel mondo, Ella giunge spesso in terre dove i credenti in Cristo, e i cattolici in particolare, sono una minoranza, piccola e talvolta in contrazione.

Che sentimenti prova davanti a una simile realtà, dopo venti secoli di evangelizzazione? Quale enigmatico disegno divino vi scorge?

Penso che tale visione del problema sia caratterizzata da una certa interpretazione semplificata della sua essenza. Questa, in realtà, è molto più profonda, come ho già tentato di spiegare nella risposta alle precedenti domande. Qui la statistica non è utilizzabile: *simili valori non sono quantificabili in cifre.*

Per la verità, non dice molto neppure la sociologia della religione, d'altronde molto utile. I criteri di misura da essa offerti non servono se si vuole decidere, sulla loro base, dell'atteggiamento interiore delle persone. *Nessuna statistica* volta a una presentazione quantitativa della fede, per esempio mediante la sola partecipazione ai riti religiosi, raggiunge il nocciolo della questione. *Qui non bastano le sole cifre.*

Nella domanda si pone – sia pure «provocatoriamente», come ha precisato – la questione nel modo che segue: contiamo quanti sono nel mondo i musulmani, o gli induisti, *contiamo quanti sono i cattolici,* oppure i cristiani in genere, e avremo la risposta al quesito su quale religione sia in maggioranza, *quale abbia un futuro davanti a sé,* e quale invece sembri appartenere soltanto al passato, o stia subendo un processo sistematico di decomposizione e di declino.

In realtà, dal punto di vista del Vangelo la questione è completamente diversa. Cristo dice: «*Non temere, piccolo gregge,* perché al Padre vostro è piaciuto di darvi il suo regno» (*Lc* 12,32). Penso che con queste parole Cristo risponda nel modo migliore ai problemi che turbano alcuni e che trovano espressione nella sua domanda. Gesù va perfino oltre, allorché domanda: «Il Figlio dell'uomo, quando verrà nella Parusía, troverà ancora la fede sulla terra?» (cfr. *Lc* 18,8).

Sia questa domanda sia l'espressione precedente sul piccolo gregge indicano il profondo realismo da cui era guidato Gesù nei riguardi dei Suoi apostoli. *Non li preparava a facili successi.* Parlava chiaramente, parlava delle persecuzioni che attendevano i Suoi confessori. Allo stesso tempo *costruiva la certezza della fede.* «Al Padre è piaciuto dare il Regno» a quei dodici uomini di Galilea, e per loro mezzo a tutta l'umanità. Li preammoniva che sulla via della missione, verso la quale li dirigeva, li attendevano contrarietà e persecuzioni, perché Egli stesso era stato perseguitato: «Se hanno perseguitato me, perseguiteranno anche voi»; ma subito aggiungeva: «se hanno osservato la mia parola, osserveranno anche la vostra» (*Gv* 15,20).

Sin da giovane sentivo che queste parole contengono l'essenza stessa del Vangelo. *Il Vangelo non è la promessa di facili successi.* Non promette a nessuno una vita comoda. Pone delle esigenze. E, al tempo stesso, è *una Grande Promessa*: la promessa della vita eterna per l'uomo, sottomesso alla legge della morte; la promessa della vittoria mediante la fede all'uomo minacciato da tante sconfitte.

Nel Vangelo è contenuto un *paradosso fondamentale*: per trovare la vita, bisogna perdere la vita; per nascere, bisogna morire; per salvarsi, bisogna prendere la croce. Questa è la verità essenziale del Vangelo, che sempre e dappertutto urterà contro la protesta dell'uomo.

Sempre e dappertutto il Vangelo sarà una sfida per la debolezza umana. Ma proprio in questa sfida sta tutta la sua forza. L'uomo, forse, attende nel suo subconscio una tale sfida, *vi è in lui infatti il bisogno di superare se stesso.* Solo superando se stesso, l'uomo è pienamente uomo (cfr. Blaise Pascal, *Pensées*, ed. Brunschvicg, n. 434: «*apprenez que l'homme passe infiniment l'homme*»).

Questa è la verità più profonda sull'uomo. *Cristo per primo la conosce.* Egli sa veramente «quello che c'è in ogni uomo» (*Gv* 2,25). Con il Suo Vangelo Egli ha toccato l'intima verità dell'uomo. L'ha toccata prima di tutto con la Sua Croce. Pilato che, indicando il Nazareno coronato di spine dopo la flagellazione, disse: «Ecco l'uomo!» (*Gv* 19,5), non si rendeva conto di proclamare una verità essenziale, di esprimere ciò che sempre e dappertutto rimane il contenuto dell'evangelizzazione.

18
La sfida del riannuncio

Le chiederei di soffermarsi un poco su quest'ultima espressione, che torna di continuo nel Suo insegnamento, nelle esortazioni ai Suoi: «evangelizzazione» (anzi, «nuova evangelizzazione») sembra essere per il Papa il compito principale – e più urgente – del cattolico alla fine del XX secolo.

In effetti, il richiamo a un grande rilancio della *evangelizzazione* ritorna in vari modi nella vita attuale della Chiesa. Per la verità essa non ne è mai stata assente: «Guai a me se non predicassi il vangelo!» (*1Cor* 9,16). Questa espressione di Paolo di Tarso è stata valida in tutte le epoche della storia della Chiesa. Egli stesso, fariseo convertito, fu instancabilmente incalzato da quel «guai!». Il mondo mediterraneo in cui visse udì le sue parole, la Buona Novella della salvezza in Gesù Cristo. E quel mondo cominciò a riflettere sul significato di tale messaggio. Furono molti coloro che seguirono l'apostolo. Non si deve mai dimenticare la misteriosa chiamata che indusse san Paolo a superare i confini tra l'Asia Minore e l'Europa (cfr. *At* 16,9-10). Ebbe inizio allora la *prima evangelizzazione dell'Europa*.

L'incontro del Vangelo con il mondo ellenico si dimostrò quanto mai fruttuoso. Tra gli uditori che Paolo riuscì a riunire intorno a sé, meritano una particolare attenzione coloro che vennero ad ascoltarlo all'areòpago ateniese. Bisognerebbe ora analizzare il *discorso di san Paolo all'areòpago*: un capolavoro del suo genere. Ciò che l'apostolo dice e il modo in cui lo dice manifestano tutto il suo genio evangelizzatore. Sappiamo che quel giorno finì con un insuccesso. Finché Paolo parlò di un Dio ignoto, gli ascoltatori lo seguirono, perché avvertivano nelle sue parole qualcosa che corrispondeva alla loro religiosità. Ma quando menzionò la Risurrezione, immediatamente reagirono protestando.

L'apostolo capì allora che il mistero della salvezza in Cristo avrebbe dovuto faticare ad aprirsi la via nelle menti dei greci, abituati alla mitologia e a varie forme di speculazione filosofica. Tuttavia non depose le armi. Sconfitto ad Atene, riprese con *santa testardaggine* ad annunciare il Vangelo a ogni creatura. Questa santa ostinazione alla fine lo condusse a Roma, dove trovò la morte.

Il Vangelo fu così portato fuori dallo stretto ambito di Gerusalemme e della Palestina e cominciò la sua corsa verso gli *estremi confini del mondo di allora*. Quello che Paolo annunciava a viva voce, lo confermava poi con le sue lettere. Esse attestano il fatto che l'apostolo lasciava dietro di sé, ovunque andasse, comunità vive, nelle quali non cessava di essere presente come testimone di Cristo crocifisso e risorto.

L'evangelizzazione intrapresa dagli apostoli pose le fondamenta per la costruzione dell'edificio spirituale della Chiesa, divenendo *germe* e, in un certo senso, *modello* valido per ogni epoca. Sulle orme degli apostoli, i loro discepoli continuarono l'opera evangelizzatrice nella seconda e terza generazione. È, quella, l'*epoca eroica*, l'epoca di sant'Ignazio d'Antiochia, di san Policarpo e di tanti altri martiri insigni.

Evangelizzazione non è soltanto il vivo insegnamento della Chiesa, il primo annuncio della fede (*kérygma*) e l'istruzione, la formazione alla fede (la catechesi), ma è anche tutto il *vasto impegno di riflessione sulla verità rivelata*, che si è espresso fin dall'inizio nell'*opera dei Padri* in Oriente e in Occidente. E, quando si trattò del confronto con le elucubrazioni gnostiche o con le varie eresie emergenti, fu polemica.

Evangelizzazione, in particolare, è stata l'attività dei vari concili. Probabilmente, nei primi secoli, se non ci fosse stato l'incontro con il mondo ellenico, sarebbe bastato il

Concilio di Gerusalemme, tenuto dagli apostoli stessi verso l'anno 50 (cfr. *At* 15). I successivi concili ecumenici sono scaturiti dal bisogno di esprimere le verità della fede rivelata con un *linguaggio comunicativo e convincente* per gli uomini che vivevano nell'ambito della civiltà ellenica.

Tutto questo appartiene alla *storia dell'evangelizzazione*, una storia che si è sviluppata nell'*incontro con la cultura di ogni epoca*. Ai Padri della Chiesa deve essere riconosciuto un ruolo fondamentale nell'evangelizzazione del mondo, oltre che nella formazione delle basi della dottrina teologica e filosofica durante il primo millennio. Cristo aveva detto: «Andate in tutto il mondo» (*Mc* 16,15). Man mano che il mondo conosciuto dall'uomo si espandeva, anche la Chiesa affrontava sempre nuovi compiti di evangelizzazione.

Il primo millennio registrò l'incontro con i tanti popoli che, migrando, arrivavano nei centri del cristianesimo. Qui accolsero la fede, diventarono cristiani, anche se assai di frequente non erano in grado di comprenderne il pieno mistero. Così molti di essi scivolarono nell'arianesimo, che negava l'uguaglianza del Figlio col Padre, e lottarono per la vittoria di quell'eresia nel mondo cristiano. Non ci furono soltanto dispute ideologiche; si trattava di una continua lotta per l'affermazione del Vangelo stesso. E costantemente, attraverso quelle controversie, risuonava la voce di Cristo: «Andate in tutto il mondo e ammaestrate tutte le nazioni» (cfr. *Mt* 28,19). «*Ad gentes!*»: è stupefacente l'*efficacia* di queste parole del Redentore del mondo.

Uno dei più grandi eventi nella storia dell'evangelizzazione fu indubbiamente la missione dei due fratelli provenienti da Tessalonica, i santi Cirillo e Metodio. Essi furono gli apostoli degli slavi: portarono il Vangelo e contemporaneamente posero le fondamenta delle culture slave. In una certa misura, questi popoli sono loro debitori di una lingua liturgica e letteraria. Ambedue operarono nel IX secolo tra Costantinopoli e Roma. E lo fecero in nome dell'unità della Chiesa d'Oriente e d'Occidente, anche se tale unità cominciava allora a sgretolarsi. Il patrimonio della loro evangelizzazione è rimasto nelle vaste regioni dell'Europa centrale e meridionale, e tante nazioni slave, ancora oggi, riconoscono in loro non soltanto i maestri della fede, ma anche i padri della cultura.

Una nuova grande ondata di evangelizzazione partirà alla fine del XV secolo, innanzitutto dalla Spagna e dal Portogallo. Questo è tanto più straordinario, in quanto proprio in quel periodo, dopo il cosiddetto scisma dell'Oriente nell'XI secolo, si stava consumando la drammatica scissione dell'Occidente. Il grande splendore medievale del papato era ormai alle spalle; la Riforma protestante prendeva piede in modo inarrestabile. Orbene, nel momento in cui la Chiesa romana perdeva popoli al nord delle Alpi, la Provvidenza le apriva nuove prospettive. Con la *scoperta dell'America* s'avviava l'opera di evangelizzazione di tutto quel continente, dal nord al sud. Abbiamo da poco celebrato il cinquecentesimo anniversario di quell'evangelizzazione, con l'intenzione non soltanto di ricordare un fatto del passato, ma di interrogarci sugli impegni attuali alla luce dell'opera compiuta dagli eroici missionari, specialmente religiosi, in tutto il continente americano.

Lo slancio missionario, che si manifestò oltreoceano con la scoperta del nuovo continente, non mancò di suscitare iniziative ecclesiali pure verso l'Oriente. Il XVI secolo è anche il secolo di san Francesco Saverio, il quale proprio lì, all'Est, nelle Indie e nel Giappone, cercò la meta della sua attività missionaria. La quale fu quanto mai efficace, pur incontrando resistenze vivaci da parte delle culture che quei grandi popoli avevano sviluppato nello spazio di millenni. Bisognava impegnarsi nell'opera di *inculturazione*, come proponeva padre Matteo Ricci, l'apostolo della Cina, se si voleva che il cristianesimo raggiungesse in profondità l'animo di tali popoli. Ho già ricordato che l'Asia è cristiana soltanto in piccola percentuale: nondimeno, questo «piccolo gregge» certamente partecipa al Regno trasmesso dal Padre agli apostoli per mezzo di Cristo. Ed è sorprendente la *vitalità di alcune Chiese asiatiche*: ancora una volta, essa è il frutto della persecuzione. Ciò vale, in particolare, per la Corea, il Vietnam e, nell'ultimo periodo, anche per la Cina.

La consapevolezza che la Chiesa intera si trova *in statu missionis* (in stato di missione) si è manifestata con forza nel secolo scorso e si manifesta anche nel presente, prima di tutto tra le antiche Chiese dell'Europa occidentale. Basti pensare che nel passato, per esempio in Francia, in alcune diocesi partiva per le missioni addirittura la metà dei sacerdoti.

L'Enciclica *Redemptoris missio*, pubblicata poco tempo fa, abbraccia questo passato lontano e vicino, cominciando dall'areòpago di Atene, sino ai tempi nostri, in cui simili areòpaghi si sono moltiplicati. La Chiesa evangelizza, la Chiesa annuncia Cristo che è Via, Verità e Vita; Cristo, unico Mediatore tra Dio e gli uomini. E, nonostante le debolezze umane, la Chiesa è instancabile in questo annuncio. La grande ondata missionaria, che si sollevò nel secolo scorso, si diresse verso tutti i continenti e, in particolare, verso il *continente africano*. Oggi in quel continente abbiamo a che fare con una Chiesa indigena già formata. Sono numerose le schiere dei vescovi di colore. L'Africa diventa un continente di vocazioni missionarie. E le vocazioni – grazie a Dio – non mancano. Tanto diminuiscono in Europa, tanto aumentano là, in Africa, in Asia.

Forse, un giorno, si dimostreranno vere le parole del cardinale Hyacinthe Thiandoum, il quale prospettava la possibilità dell'evangelizzazione del vecchio mondo da parte di missionari di colore. E, di nuovo, bisogna domandarsi se questa non sia una prova della *rinascente vitalità della Chiesa*. Ne parlo per gettare una luce diversa sulla domanda un po' inquietante circa il numero dei cristiani, dei cattolici in particolare. Davvero, *non c'è motivo di disfattismo*. Se il mondo non è cattolico dal punto di vista confessionale, di certo è pervaso molto in profondità dal Vangelo. Si può anzi dire che, in qualche modo, è presente in esso invisibilmente il mistero della Chiesa, Corpo di Cristo.

La Chiesa rinnova ogni giorno, con lo spirito di questo mondo, una lotta che non è nient'altro che *lotta per l'anima di questo mondo*. Se infatti, da un lato, in esso sono presenti il Vangelo e l'evangelizzazione, dall'altro lato c'è una *potente antievangelizzazione*, che dispone di mezzi e di programmi e si contrappone con grande forza al Vangelo e all'evangelizzazione. La lotta per l'anima del mondo contemporaneo è massima là dove lo spirito di questo mondo sembra più potente. In tal senso la *Redemptoris missio* parla di *moderni areòpaghi*, cioè di nuovi pulpiti. Questi areòpaghi sono oggi il mondo della scienza, della cultura, dei mezzi di comunicazione; sono gli ambienti in cui si creano le élite intellettuali, quelli degli scrittori e degli artisti.

L'evangelizzazione rinnova il suo incontro con l'uomo, è *collegata con il cambio generazionale*. Mentre passano le generazioni che si sono allontanate da Cristo e dalla Chiesa, che hanno accettato il modello laico di pensare e di vivere, o alle quali un tale modello è stato imposto, la Chiesa guarda sempre verso il futuro; *esce*, senza mai fermarsi, *incontro alle nuove generazioni*. E appare con chiarezza che queste accolgono con entusiasmo ciò che i loro padri sembravano rifiutare.

Che cosa significa questo? Significa che *Cristo è sempre giovane*. Significa che lo Spirito Santo opera incessantemente. Quanto sono eloquenti le parole di Cristo: «Il Padre mio opera sempre e anch'io opero» (*Gv* 5,17)! Il Padre e il Figlio operano nello Spirito Santo, che è lo Spirito di verità, e la verità non cessa di essere affascinante per l'uomo, specialmente per i cuori giovani. Non ci si può, dunque, fermare alle sole statistiche. Per Cristo sono importanti le opere di carità. La Chiesa, nonostante tutte le perdite che subisce, *non cessa di guardare con speranza verso il futuro*. Tale speranza è un segno della forza dello Spirito. *E la potenza dello Spirito sempre si misura con il metro di queste parole apostoliche: «Guai a me se non predicassi il vangelo!» (1Cor 9,16).*

Dieci anni dopo il Concilio, fu convocato il *Sinodo dei Vescovi sul tema dell'evangelizzazione.* Il suo frutto fu l'Esortazione apostolica di Paolo VI *Evangelii nuntiandi.* Non è un'enciclica, ma per il suo intrinseco valore supera forse molte encicliche. Essa, si può dire, costituisce l'interpretazione del magistero conciliare su ciò che è compito essenziale della Chiesa: «Guai a me se non predicassi il vangelo!».

Nel mondo contemporaneo si sente un particolare bisogno del Vangelo, nella prospettiva ormai vicina dell'anno duemila. Si avverte tale bisogno in modo particolare, forse proprio perché il mondo sembra allontanarsi dal Vangelo, oppure perché esso ancora non vi è giunto. La *prima ipotesi* – l'allontanamento dal Vangelo – riguarda soprattutto il «vecchio mondo», specialmente l'Europa; la *seconda,* invece, il continente asiatico, l'Estremo Oriente e l'Africa. Se a partire dalla *Evangelii nuntiandi* si ripete l'espressione *nuova evangelizzazione,* ciò è soltanto nel senso delle *nuove sfide che il mondo contemporaneo crea per la missione della Chiesa.*

È sintomatico che la *Redemptoris missio* parli di una *nuova primavera dell'evangelizzazione,* ed è ancor più significativo il fatto che questa enciclica sia stata accolta con grande soddisfazione, addirittura con entusiasmo, in vari ambienti. Dopo la *Evangelii nuntiandi,* si propone come una nuova sintesi dell'insegnamento circa l'evangelizzazione nel mondo contemporaneo.

L'enciclica enuclea i *principali problemi*; chiama per nome gli *ostacoli* che si accavallano sulla strada dell'evangelizzazione; chiarisce alcuni *concetti,* di cui a volte si abusa, specialmente nel linguaggio giornalistico; infine, indica i *territori del mondo,* per esempio i paesi postcomunisti, nei quali la verità del Vangelo è particolarmente attesa. E per questi, che sono paesi dal lungo passato cristiano, s'impone una specie di «ri-evangelizzazione».

La nuova evangelizzazione non ha nulla in comune con ciò che varie pubblicazioni hanno insinuato parlando di *restaurazione*, oppure avanzando l'accusa di *proselitismo*, o facendo appello ai concetti di *pluralismo* e di *tolleranza* intesi unilateralmente e tendenziosamente. Un'approfondita lettura della Dichiarazione conciliare *Dignitatis humanae* sulla libertà religiosa può aiutare a chiarire tali problemi, e anche a dissipare i timori che si tenta di destare, forse allo scopo di togliere alla Chiesa coraggio e slancio nell'intraprendere la sua missione evangelizzatrice. *E tale missione appartiene all'essenza della Chiesa.* Il Concilio Vaticano II ne ha offerto una formulazione icastica affermando che «la Chiesa ... per sua natura è missionaria» (*Ad Gentes*, n. 2).

Oltre a queste obiezioni, che riguardano l'evangelizzazione in quanto tale e le sue possibilità nel mondo contemporaneo, ne sono apparse altre, concernenti piuttosto i *modi* e i *metodi di evangelizzazione.* Nel 1989 a *Santiago de Compostela*, in Spagna, si svolse la Giornata mondiale della gioventù. La risposta dei giovani, soprattutto di quelli europei, fu straordinariamente calorosa. L'antichissimo percorso dei pellegrinaggi verso il santuario di San Giacomo apostolo pulsò nuovamente di vita. È nota l'importanza che questo santuario e, in genere i pellegrinaggi, hanno avuto per il cristianesimo; in particolare è noto il loro ruolo nella formazione dell'identità culturale dell'Europa. Ma quasi contemporaneamente a questo evento tanto significativo, si alzarono voci che dicevano che «*il sogno di Compostela*» apparteneva ormai, in modo irrevocabile, al passato, e che l'Europa cristiana era diventata un fenomeno storico da relegare negli archivi. Fa riflettere una tale paura davanti alla nuova evangelizzazione da parte di alcuni ambienti che dicono di rappresentare l'opinione pubblica.

Nel contesto della nuova evangelizzazione è molto eloquente l'odierna *riscoperta degli autentici valori della cosiddetta religiosità popolare*. Fino a qualche tempo fa se ne parlava in toni abbastanza sprezzanti. Alcune sue forme d'espressione stanno, invece, vivendo nei nostri tempi una *vera rinascita*, per esempio il movimento dei pellegrinaggi su percorsi antichi e nuovi. Così, alla testimonianza indimenticabile dell'incontro a Santiago de Compostela (1989), s'è aggiunta successivamente l'esperienza di Jasna Góra a Częstochowa (1991). Soprattutto le giovani generazioni vanno volentieri in pellegrinaggio. E ciò non solo nel nostro vecchio continente, ma anche negli Stati Uniti, dove, nonostante l'assenza di una tradizione di pellegrinaggi ai santuari, l'incontro mondiale dei giovani a Denver (1993) ha riunito alcune centinaia di migliaia di giovani confessori di Cristo.

Oggi esiste, dunque, il chiaro *bisogno di una nuova evangelizzazione*. C'è il *bisogno di un annuncio evangelico che si faccia pellegrino accanto all'uomo, che si metta in cammino con la giovane generazione*. Un simile bisogno non è già in se stesso *un sintomo dell'anno duemila che si sta avvicinando?* Sempre più spesso i pellegrini guardano verso la Terra Santa, verso Nazareth, Betlemme e Gerusalemme. Il popolo di Dio dell'Antica e della Nuova Alleanza vive nelle giovani generazioni e, sul finire del XX secolo, ha la stessa *coscienza di Abramo, il quale seguì la voce di Dio che lo chiamava a intraprendere il pellegrinaggio della fede*. E quale altra parola sentiamo più spesso nel Vangelo di questa: «Seguimi» (*Mt* 8,22)? Essa chiama gli uomini di oggi, specialmente i giovani, a mettersi in cammino lungo i percorsi del Vangelo nella direzione di un mondo migliore.

19
Giovani: davvero una speranza?

Già, i giovani: sono tra i privilegiati dall'affettuosa attenzione del Santo Padre, il quale spesso ripete che la Chiesa guarda a loro con particolare speranza per il rilancio della evangelizzazione.

Santità, sarà fondata questa speranza? O non saremo, purtroppo, di fronte alla sempre rinnovata illusione di noi adulti che la generazione nuova sarà migliore della nostra e di tutte quelle che l'hanno preceduta?

Qui lei schiude un campo enorme per l'analisi e per la meditazione.

I giovani di oggi come sono, che cosa cercano? Si potrebbe dire che sono quelli di sempre. C'è qualcosa nell'uomo che non subisce cambiamenti, come ha ricordato il Concilio nella *Gaudium et spes* (cfr. n. 10). Proprio nella giovinezza, forse più che nelle altre età, questo trova conferma. Ciò non toglie, tuttavia, che i giovani di oggi siano anche diversi da quelli che li hanno preceduti. In passato, le giovani generazioni si erano formate sulle dolorose esperienze della guerra, dei campi di concentramento, del costante pericolo. Tali esperienze liberavano pure, nei giovani – e penso a ogni parte del mondo, anche se ho nella mente la gioventù polacca –, i *tratti di un grande eroismo.*

Basti ricordare l'insurrezione di Varsavia nel 1944: lo slancio disperato dei miei coetanei, che non si risparmiarono. Gettarono la loro giovane vita nel rogo che bruciava. Volevano dimostrare che si stavano maturando nel confronto con la grande e difficile eredità da loro ricevuta.

Anch'io appartengo a quella generazione e penso che *l'eroismo dei miei coetanei mi sia stato d'aiuto nel definire la mia personale vocazione.* Padre Konstanty Michalski, uno dei grandi professori dell'Università Jagellonica di Cracovia, tornato dal campo di concentramento a Sachsenhausen scrisse il libro *Tra eroismo e bestialità.* Questo titolo rende bene il clima dell'epoca. Lo stesso Michalski, a proposito di fra' Alberto Chmielowski, ricordava la frase evangelica secondo la quale «bisogna dare l'anima» (cfr. *Gv* 15,13). Proprio in quel periodo di terribile disprezzo per l'uomo, quando il prezzo della vita umana fu svilito come forse non era mai avvenuto, proprio allora la vita di ciascuno divenne preziosa, acquistò il valore di un dono gratuito.

In questo, *i giovani di oggi certamente crescono in un contesto diverso*: non portano dentro le esperienze della seconda guerra mondiale. Molti di loro, inoltre, non hanno conosciuto – o non ricordano – le lotte contro il sistema comunista, contro lo stato totalitario. Vivono nella libertà, conquistata per loro da altri, e hanno ceduto in grande misura alla civiltà dei consumi. Sono questi i *parametri*, ovviamente solo accennati, *della situazione attuale*.

Nonostante ciò, è difficile dire che la gioventù respinga i valori tradizionali, che abbandoni la Chiesa. Le esperienze degli educatori e dei pastori *confermano, oggi non meno di ieri, l'idealismo caratteristico di quest'età*, anche se attualmente esso si esprime, forse, soprattutto sotto forma di critica, mentre un tempo si traduceva più semplicemente nell'impegno. In generale, si può affermare che le nuove generazioni crescono ora prevalentemente *in un clima da nuova epoca positivistica*, mentre, per esempio in Polonia, quando ero ragazzo dominavano *tradizioni romantiche*. I giovani con cui entrai in contatto appena fui consacrato sacerdote crebbero proprio in tale clima. Nella Chiesa e nel Vangelo vedevano un punto di riferimento intorno a cui concentrare lo sforzo interiore, per formare la propria vita in un modo che avesse senso. Ricordo ancora i colloqui con quei giovani, che esprimevano proprio così il loro rapporto con la fede.

La principale esperienza di quel periodo, quando la mia azione pastorale si concentrava prima di tutto su di loro, fu la *scoperta dell'importanza essenziale della giovinezza*. Che cosa è la giovinezza? Non è soltanto un periodo della vita corrispondente a un determinato numero di anni, ma è, insieme, *un tempo dato dalla Provvidenza a ogni uomo e dato a lui come compito*. Durante il quale egli cerca, come il giovane del Vangelo, la risposta agli interrogativi fondamentali; non solo il senso della vita, ma anche un progetto concreto per iniziare a costruire la sua vita. È proprio questa la più essenziale caratteristica della giovinezza. Ogni educatore, a partire dai genitori, nonché ogni pastore, deve conoscere bene tale caratteristica e deve saperla identificare in ogni ragazzo o ragazza. Dico di più, deve *amare ciò che è essenziale per la giovinezza*.

Se in ogni epoca della sua vita l'uomo desidera affermarsi, trovare l'amore, in questa lo desidera in modo ancor più forte. Il desiderio di affermazione, comunque, non deve essere inteso come una legittimazione di tutto, senza eccezioni. I giovani non lo vogliono affatto: sono disposti anche a essere ripresi, vogliono che si dica loro sì o no. *Hanno bisogno di guide*, e le vogliono molto vicine. Se ricorrono a persone autorevoli, lo fanno perché le avvertono ricche di calore umano e capaci di camminare insieme con loro lungo i percorsi che stanno seguendo.

Appare chiaro, quindi, che *il problema essenziale della giovinezza è profondamente personalistico*. La giovinezza è proprio il periodo della personalizzazione della vita umana. È anche il periodo della *comunione*. I giovani, sia ragazzi sia ragazze, sanno di dover vivere per gli altri e con gli altri, sanno che la loro vita *ha senso in quanto diventa un dono gratuito per il prossimo*. Da qui hanno origine tutte le vocazioni: sia quelle sacerdotali o religiose, sia le vocazioni al matrimonio e alla famiglia. Anche la chiamata al matrimonio è una vocazione, un dono di Dio. *Mai dimenticherò un ragazzo, studente del politecnico a Cracovia, che tutti sapevano aspirare con decisione alla santità*. Aveva questo programma di vita. Sapeva di essere «creato per le cose più grandi», come si espresse una volta san Stanislao Kostka. E, al tempo stesso, non aveva alcun dubbio che la sua vocazione non fosse né il sacerdozio né la vita religiosa. Sapeva di dover essere un laico. Lo appassionava il lavoro professionale, gli studi di ingegneria. Cercava una compagna di vita e la cercava in ginocchio, nella preghiera. Non potrò scordare il colloquio in cui, dopo uno speciale giorno di ritiro, mi disse: «Penso che proprio questa ragazza debba essere mia moglie, che è Dio a darmela». Quasi non seguisse soltanto la voce dei propri gusti, ma prima di tutto la voce di Dio stesso. Sapeva che da Lui viene ogni bene, e fece una scelta buona. Sto parlando di Jerzy Ciesielski, scomparso in un tragico incidente in Sudan, dove venne invitato a insegnare all'università, e il cui processo di beatificazione è stato già iniziato.

Questa vocazione all'amore è naturalmente l'elemento di più stretto contatto con i giovani. Da sacerdote mi resi conto di ciò molto presto. Sentivo quasi una sollecitazione interiore in questa direzione. Bisogna preparare i giovani al matrimonio, bisogna *insegnare loro l'amore*. L'amore non è cosa che s'impari, e tuttavia non c'è cosa che sia così necessario imparare! *Da giovane sacerdote imparai ad amare l'amore umano.* Questo è uno dei temi fondamentali su cui concentrai il mio sacerdozio, il mio ministero sul pulpito, nel confessionale, e anche attraverso la parola scritta. Se si ama l'amore umano, nasce anche il vivo bisogno di impegnare tutte le forze a favore del «bell'amore».

Poiché l'amore è bello. I giovani, in fondo, cercano sempre la bellezza nell'amore, vogliono che il loro amore sia bello. Se cedono alle debolezze, assecondando modelli di comportamento che ben possono qualificarsi come uno «scandalo del mondo contemporaneo» (e sono modelli purtroppo molto diffusi), nel profondo del cuore desiderano un amore bello e puro. Questo vale tanto per i ragazzi quanto per le ragazze. In definitiva, sanno che nessuno può concedere loro un tale amore, all'infuori di Dio. E, pertanto, sono disposti a seguire Cristo, senza badare ai sacrifici che ciò può comportare.

Negli anni in cui io stesso ero un giovane sacerdote e

pastore mi sono fatto questa immagine dei giovani e della giovinezza, immagine che mi ha seguito lungo tutti gli anni successivi e che mi permette anche di incontrare i ragazzi in qualunque posto vada. Ogni parroco di Roma sa che la visita alla parrocchia deve concludersi con l'incontro del Vescovo di Roma con i giovani. E non soltanto a Roma, ma ovunque il Papa si rechi, *cerca i giovani e ovunque dai giovani viene cercato. Anzi, in verità non è lui a essere cercato. Chi è cercato è il Cristo*, il quale sa «quello che c'è in ogni uomo» (*Gv* 2,25), specialmente in un uomo giovane, e sa dare le vere risposte alle sue domande! E anche se sono risposte esigenti, i giovani non rifuggono affatto da esse; si direbbe, piuttosto, che le attendono.

Si spiega così anche la genesi delle Giornate mondiali dei giovani. Dapprima, in occasione dell'Anno giubilare della redenzione e poi per l'Anno internazionale della gioventù, indetto dall'Organizzazione delle Nazioni Unite (1985), i giovani furono invitati a Roma. E questo fu l'inizio. *Nessuno ha inventato le Giornate mondiali dei giovani. Furono proprio loro a crearle.* Quelle Giornate, quegli incontri, divennero da allora un bisogno dei giovani in tutti i luoghi del mondo. Il più delle volte sono state una grande sorpresa per i pastori, e persino per i vescovi. Hanno superato quanto anch'essi si aspettavano.

Queste Giornate mondiali sono diventate una grande e affascinante testimonianza che i giovani danno di loro stessi, sono diventate un mezzo potente d'evangelizzazione. *Nei giovani c'è, infatti, un immenso potenziale di bene e di possibilità creative.* Quando li incontro, in qualunque luogo del mondo, *attendo prima di tutto ciò che vorranno dirmi di loro*, della loro società, della loro Chiesa. E sempre li rendo consapevoli di questo: «Non è affatto più importante ciò che vi dirò: importante è ciò che mi direte voi. Me lo direte non necessariamente con le parole, lo direte con la vostra presenza, con il vostro canto, forse anche con la vostra danza, con le vostre rappresentazioni, infine con il vostro entusiasmo».

Abbiamo bisogno dell'entusiasmo dei giovani. Abbiamo bisogno della gioia di vivere che hanno i giovani. In essa si riflette qualcosa della gioia originaria che Dio ebbe creando l'uomo. Proprio questa gioia i giovani sperimentano in loro stessi. È la medesima in ogni luogo, ma è anche sempre nuova, originale. I giovani la sanno esprimere a modo loro.

Non è vero che è il Papa a condurre i giovani da un capo all'altro del globo terrestre. Sono loro a condurre lui. E anche se i suoi anni aumentano, essi lo esortano a essere giovane, non gli permettono di dimenticare la sua esperienza, la sua scoperta della giovinezza e della grande importanza che essa ha per la vita di ogni uomo. Penso che questo spieghi molto.

Il giorno dell'inaugurazione del pontificato, il 22 ottobre 1978, dopo la conclusione della liturgia, dissi ai giovani in piazza San Pietro: «Voi siete la speranza della Chiesa e del mondo. Voi siete la mia speranza». Quelle parole vengono costantemente ricordate.

I giovani e la Chiesa. Riassumendo, desidero sottolineare che *i giovani cercano Dio*, cercano il senso della vita, cercano le risposte definitive: «Che cosa devo fare per ereditare la vita eterna?» (*Lc* 10,25). In questa ricerca, non possono non incontrare la Chiesa. *E anche la Chiesa non può non incontrare i giovani.* Occorre soltanto che la Chiesa abbia una profonda comprensione di ciò che è la giovinezza, dell'importanza che riveste per ogni uomo. *Occorre anche che i giovani conoscano la Chiesa, che scorgano in essa Cristo*, il quale cammina attraverso i secoli con ogni generazione, con ogni uomo. Cammina con ciascuno come un amico. Importante nella vita di un giovane è il giorno in cui egli si convince che Questo è l'unico amico a non deludere, sul quale può sempre contare.

20

C'era una volta il comunismo

Dio sembra tacere (il «silenzio di Dio» di cui alcuni hanno parlato e parlano) ma, in realtà, non cessa di agire. Così affermano coloro che, nelle vicende umane, scorgono il realizzarsi dell'enigmatico piano della Provvidenza.

Per stare ai recenti avvenimenti Ella, Santità, ha ribadito spesso una Sua convinzione (ricordo, per esempio, le parole nei paesi baltici, la Sua prima visita in territori ex sovietici, nell'autunno del 1993): nel crollo del marxismo ateo si può scorgere il digitus Dei, il «dito di Dio». Sovente ha alluso a un «mistero», addirittura a un «miracolo», parlando di quel collasso del comunismo, dopo settant'anni di un potere che sembrava avere per sé i secoli.

Cristo dice: «Il Padre mio opera sempre e anch'io opero» (*Gv* 5,17). A che cosa si riferiscono queste parole? L'unione col Padre, il Figlio e lo Spirito Santo è l'elemento costitutivo essenziale della vita eterna. «Questa è la vita eterna: che conoscano te ... e colui che hai mandato, Gesù Cristo» (*Gv* 17,3). Ma quando Gesù parla del Padre che «opera sempre», non intende direttamente alludere all'eternità. Parla del fatto che Dio opera nel mondo. *Il cristianesimo non è soltanto una religione della conoscenza, della contemplazione. È una religione dell'azione di Dio e dell'azione dell'uomo.* Il grande maestro della vita mistica e della contemplazione, san Giovanni della Croce, che già citammo, ha scritto: «Alla sera della vita saremo giudicati sull'amore» (*Parole di luce e d'amore*, 59). Questa stessa verità Gesù ha espresso nel modo più semplice nel discorso sul giudizio finale, riferito da san Matteo nel suo Vangelo (cfr. 25,31-46).

Si può parlare di silenzio di Dio? E, nel caso, come interpretare un tale silenzio?

Sì, in un certo senso, Dio tace, *perché ci ha già rivelato tutto.* Ha parlato «nei tempi antichi» per mezzo dei profeti e «ultimamente» per mezzo del Figlio (cfr. *Eb* 1,1-2): in Lui ci ha detto quanto aveva da dire. Lo stesso san Giovanni della Croce afferma che Cristo è «come una miniera ricca di immense vene di tesori, dei quali, per quanto si vada a fondo, non si trova la fine; anzi, in ciascuna cavità si scoprono nuove vene di ricchezze» (*Cantico spirituale*, 13,37, sp.4).

Occorre dunque riascoltare la voce di Dio che parla nella storia dell'uomo. E se questa parola non si ode, può darsi che ciò accada perché a essa non viene aperto l'udito interiore. In questo senso Cristo parlava di coloro che «vedendo non vedono e udendo non intendono» (cfr. *Mt* 13,13), mentre l'esperienza di Dio è sempre alla portata di ogni uomo, è a lui accessibile in Gesù Cristo e in virtù dello Spirito Santo.

Oggi, nonostante le apparenze, sono molti coloro che trovano la via per sperimentare il *Dio che opera*. Questa è la grande esperienza dei nostri tempi, specialmente se si tratta delle giovani generazioni. Quale altra interpretazione si potrebbe dare non soltanto di tutte le *associazioni*, ma anche dei tanti *movimenti* fioriti nella Chiesa? Che cos'altro essi sono se non la parola di Dio che è stata udita e accolta? E che cos'altro è l'*esperienza del raduno di Denver*, se non la voce di Dio che è stata sentita dai giovani in un contesto nel quale, umanamente parlando, non si vedeva alcuna possibilità di riuscita, anche perché molto si faceva per impedirne l'ascolto?

Questo ascolto, questa conoscenza è l'origine dell'azione: ne nasce il *movimento del pensiero*, il *movimento del cuore*, il *movimento della volontà*. Dissi una volta, ai rappresentanti dei movimenti apostolici, che *la Chiesa stessa è prima di tutto un «movimento», una missione*. È la missione che prende inizio in Dio Padre e che, mediante il Figlio nello Spirito Santo, sempre nuovamente raggiunge l'umanità e la plasma in modo nuovo. Sì, il cristianesimo è una grande azione di Dio. *L'azione della parola passa nell'azione dei sacramenti.*

Che altro sono i sacramenti (tutti!), se non l'azione di Cristo nello Spirito Santo? Quando la Chiesa battezza, è Cristo che battezza; quando la Chiesa assolve, è Cristo che assolve; quando la Chiesa celebra l'Eucaristia, è Cristo che la celebra: «Questo è il mio corpo». E così via. Tutti i sacramenti sono un'azione di Cristo, l'azione di Dio in

Cristo. E dunque è veramente *difficile parlare del silenzio di Dio*. Si deve piuttosto parlare della volontà di soffocare la voce di Dio.

Sì, questo *voler soffocare la voce di Dio* è abbastanza programmato: molti fanno di tutto perché non si oda la Sua voce, e sia udita soltanto la voce dell'uomo, il quale non ha nulla da offrire che non sia terreno. E a volte una tale offerta porta con sé la distruzione in proporzioni cosmiche. Non è questa la tragica storia del nostro secolo?

Nella sua domanda lei conferma che l'azione di Dio è divenuta quasi visibile nella storia del nostro secolo attraverso la *caduta del comunismo*. Peraltro, occorre guardarsi da un'eccessiva semplificazione. Ciò che chiamiamo comunismo ha la sua storia: è la storia della protesta di fronte all'ingiustizia, come ho ricordato nella Enciclica *Laborem exercens*. Una protesta del grande mondo degli uomini del lavoro, che è divenuta un'ideologia. Ma *tale protesta è divenuta anche parte del magistero della Chiesa*. Basti ricordare la *Rerum novarum*, alla fine del secolo scorso. Aggiungiamo: il magistero *non si è limitato alla protesta, ma ha gettato un lungimirante sguardo verso il futuro*. Infatti fu Leone XIII a predire in certo senso la caduta del comunismo, il cui avvento sarebbe costato caro all'umanità e all'Europa, *poiché la medicina* – egli scriveva in quella sua enciclica del 1891 – *potrebbe dimostrarsi più pericolosa della malattia stessa!* Questo diceva il Papa con la serietà e l'autorevolezza della Chiesa docente.

E che cosa dire dei *tre fanciulli portoghesi di Fatima*, i quali all'improvviso, nel 1917, alla vigilia dello scoppio della Rivoluzione di ottobre, udirono: «La Russia si convertirà» e «Infine, il mio Cuore trionferà» ... ? Non possono essere stati loro a inventare tali predizioni. Non conoscevano la storia e la geografia, e ancor meno si orientavano in fatto di movimenti sociali e di sviluppo delle ideologie. E tuttavia è successo esattamente quanto avevano annunciato.

Forse anche per questo il Papa è stato chiamato da «un paese lontano», forse per questo bisognava che ci fosse l'attentato in piazza San Pietro proprio il 13 maggio 1981, anniversario della prima apparizione a Fatima, affinché tutto ciò diventasse più trasparente e comprensibile, affinché la voce di Dio che parla nella storia dell'uomo mediante i «segni dei tempi» potesse essere più facilmente udita e compresa.

Questo dunque è il Padre che opera costantemente, e questo il Figlio, il quale anche opera, e questo l'invisibile Spirito Santo che è Amore, e come Amore è incessante azione creativa, salvifica, santificante e vivificante.

Sarebbe, dunque, semplicistico dire che è stata la Divina Provvidenza a far cadere il comunismo. Il comunismo come sistema è, in un certo senso, caduto da solo. È caduto in conseguenza dei propri errori e abusi. Ha dimostrato di essere una *medicina più pericolosa e, all'atto pratico, più dannosa della malattia stessa.* Non ha attuato una vera riforma sociale, anche se era divenuto per tutto il mondo una potente minaccia e una sfida. Ma *è caduto da solo, per la propria immanente debolezza.*

«Il Padre mio opera sempre e anch'io opero» (*Gv* 5,17). La caduta del comunismo apre davanti a noi un *panorama retrospettivo sul tipico modo di pensare e di agire della moderna civiltà,* specialmente europea, che ha dato origine al comunismo. Questa è una civiltà che, accanto a indubbi successi in molti campi, ha anche commesso una grande quantità di errori e di abusi nei riguardi dell'uomo, sfruttandolo in tanti modi. Una civiltà che sempre si riveste di strutture di forza e di sopraffazione sia politica sia culturale (specialmente con i mezzi della comunicazione sociale), per imporre all'umanità intera simili errori e abusi.

Come spiegare altrimenti il crescente divario tra il ricco Nord e il sempre più povero Sud? Chi ne è responsabile? Responsabile è l'uomo; sono gli uomini, le ideologie, i sistemi filosofici. Direi che *responsabile è la lotta contro Dio, la sistematica eliminazione di quanto è cristiano*; una lotta che in grande misura domina da tre secoli il pensiero e la vita dell'Occidente. *Il collettivismo marxista non è che un'«edizione peggiorata» di questo programma.* Si può dire che oggi un simile programma si stia rivelando in tutta la sua pericolosità e, contemporaneamente, in tutta la sua debolezza.

Dio, invece, è fedele alla Sua Alleanza. L'ha stretta con l'umanità in Gesù Cristo. Non può ormai ritirarsene, avendo deciso una volta per tutte che il destino dell'uomo è la vita eterna e il Regno dei cieli. *L'uomo cederà all'amore di Dio, riconoscerà il suo tragico errore?* Cederà il principe delle tenebre, che è «padre della menzogna» (*Gv* 8,44), che continuamente accusa i figli degli uomini come un tempo accusava Giobbe (cfr. *Gb* 1,9 ss.)? Probabilmente non cederà, ma può darsi che i suoi argomenti s'indeboliscano. Forse l'umanità diventerà a poco a poco più sobria, aprirà nuovamente le orecchie per ascoltare la parola con la quale Dio ha detto tutto all'uomo.

E in questo non ci sarà niente di umiliante. L'uomo può imparare dai propri errori. Anche l'umanità può farlo, così che Dio la conduca lungo i percorsi tortuosi della sua storia. E in tal modo Dio non cessa di operare. *La Sua opera essenziale rimarrà sempre la Croce e la Risurrezione di Cristo.* Questa è la parola definitiva della verità e dell'amore. Questa è anche l'incessante fonte dell'azione di Dio nei sacramenti, come pure nelle altre vie che sono note a Lui solo. È un'azione che passa attraverso il cuore dell'uomo e attraverso la storia dell'umanità.

21

Solo Roma ha ragione?

Torniamo a quei tre livelli della fede cattolica, uniti tra loro in modo non separabile e dei quali parlammo in una delle prime domande. Tra queste realtà, già si accennò a Dio e a Gesù Cristo. È tempo di giungere alla Chiesa.

È stato osservato che il credere in Dio (o, almeno, in un «qualche» Dio) caratterizza ancora oggi la maggioranza delle persone, persino in Occidente. L'ateismo motivato, dichiarato, è sempre stato – e sembra essere tuttora – un fatto di élite, da intellettuali. Quanto al credere che quel Dio si sia «incarnato» – o, almeno, «manifestato» in qualche modo singolare – in Gesù, è ancora di molti.

Ma la Chiesa? la Chiesa cattolica, in particolare? Molti sembrano oggi ribellarsi alla pretesa che solo in essa vi sia salvezza. Anche se cristiani – talvolta persino se cattolici – sono numerosi coloro che si chiedono: perché, fra tutte le Chiese, solo quella romana dovrebbe possedere e insegnare la pienezza del Vangelo?

Qui, prima di tutto, occorre spiegare qual è la *dottrina cristiana sulla salvezza e sulla mediazione della salvezza,* che sempre proviene da Dio. «Uno solo, infatti, è Dio e uno solo il mediatore fra Dio e gli uomini, l'uomo Cristo Gesù» (*1Tm* 2,5). «In nessun altro [Nome] c'è salvezza» (*At* 4,12).

È perciò verità rivelata che *la salvezza si ha soltanto ed esclusivamente in Cristo.* Di questa salvezza la Chiesa, in quanto è Corpo di Cristo, è semplice strumento. Nelle prime parole della *Lumen gentium,* la Costituzione conciliare sulla Chiesa, leggiamo: «la Chiesa è in Cristo come un sacramento o segno e strumento dell'intima unione con Dio e dell'unità di tutto il genere umano» (n. 1). Quale popolo di Dio, la Chiesa è dunque allo stesso tempo Corpo di Cristo.

L'ultimo Concilio ha spiegato molto profondamente il *mistero della Chiesa*: «Il Figlio di Dio, unendo a Sé la natura umana e vincendo la morte con la sua morte e resurrezione, ha redento l'uomo e l'ha trasformato in una nuova creatura (cfr. *Gal* 6,15; *2Cor* 5,17). Comunicando infatti il suo Spirito, fa sì che i suoi fratelli, chiamati tra tutte le genti, costituiscano il suo corpo mistico» (*LG* n. 7).

Perciò, secondo l'espressione di san Cipriano, la Chiesa universale si presenta come «un popolo adunato dall'unità del Padre, del Figlio e dello Spirito Santo» (*De Oratione Dominica,* 23). Questa vita, che è la vita da Dio e la vita in Dio, è l'attuazione della salvezza. *L'uomo si salva nella Chiesa in quanto viene introdotto nel Mistero trinitario di Dio*, cioè nel mistero dell'intima vita divina.

Non si deve comprendere ciò fermandosi esclusivamente all'aspetto visibile della Chiesa. La Chiesa è piuttosto un *organismo*. È proprio quello che ha espresso san Paolo nella sua geniale intuizione sul Corpo di Cristo (cfr. *Col* 1,18).

«Così noi tutti diventiamo membra di quel Corpo (cfr. *1Cor* 12,27), "e individualmente siamo membra gli uni degli altri" (*Rm* 12,5). ... Anche nella struttura del Corpo mistico vige una diversità di membri e offici. Uno è lo Spirito, il quale per l'utilità della Chiesa distribuisce la varietà dei suoi doni con magnificenza proporzionata alla sua ricchezza e alle necessità dei ministeri» (*LG* n. 7).

Così, dunque, il Concilio è lontano dal proclamare un qualsiasi *ecclesiocentrismo*. Il magistero conciliare è *cristocentrico* in tutti i suoi aspetti e, per questo, è profondamente radicato nel Mistero trinitario. Al centro della Chiesa si trova sempre Cristo e il Suo sacrificio, celebrato, in un certo senso, sull'altare di tutta la creazione, sull'altare del mondo. Cristo «è ... generato prima di ogni creatura» (*Col* 1,15), mediante la Sua Risurrezione è anche «il primogenito di coloro che risuscitano dai morti» (*Col* 1,18). Intorno al Suo sacrificio redentore si raccoglie tutta la creazione, che sta maturando i propri eterni destini in Dio. Se tale maturazione si opera nelle doglie, è però piena di speranza, come insegna san Paolo nella Lettera ai Romani (cfr. 8,22-24).

In Cristo *la Chiesa è cattolica*, cioè universale. E non può essere altra che così: «In tutte le nazioni della terra è radicato un solo Popolo di Dio, poiché di mezzo a tutte le stirpi egli prende i cittadini del suo Regno, non terreno ma celeste. E infatti tutti i fedeli sparsi per il mondo comunicano con gli altri nello Spirito Santo, e così "chi sta in Roma sa che gli Indi sono sue membra"». Leggiamo nello stesso documento, uno dei più importanti del Vaticano II: «In virtù di questa cattolicità, le singole parti portano i propri doni alle altre parti e a tutta la Chiesa, e così il tutto e le singole parti sono rafforzate, comunicando ognuna con le altre e concordemente operando per il completamento nell'unità» (*LG* n. 13).

In Cristo *la Chiesa è una comunione in molti sensi.* Il suo carattere di comunione la rende simile alla divina comunione trinitaria del Padre e del Figlio e dello Spirito Santo. Grazie a tale comunione, essa è strumento della salvezza dell'uomo. Porta in sé il mistero del sacrificio redentivo e sempre vi attinge. Mediante il Proprio sangue versato, Gesù Cristo costantemente «entra nel santuario di Dio dopo aver operato una redenzione eterna» (cfr. *Eb* 9,12).

Così, dunque, *Cristo è il vero soggetto della salvezza della umanità.* La Chiesa in tanto lo è in quanto agisce per Cristo e in Cristo. Il Concilio insegna: «il solo Cristo, presente in mezzo a noi nel suo Corpo, che è la Chiesa, è il Mediatore e la via della salute, ed Egli stesso, inculcando espressamente la necessità della fede e del battesimo (cfr. *Mc* 16,16; *Gv* 3,5), ha insieme confermato la necessità della Chiesa, nella quale gli uomini entrano per il battesimo come per una porta. Perciò non possono salvarsi quegli uomini, i quali, pur non ignorando che la Chiesa cattolica è stata da Dio per mezzo di Gesù Cristo fondata come necessaria, non vorranno entrare in essa o in essa perseverare» (*LG* n. 14).

Qui inizia l'esposizione dell'insegnamento conciliare sulla Chiesa come *soggetto della salvezza in Cristo*: «Sono pienamente incorporati nella società della Chiesa quelli che, avendo lo Spirito di Cristo, accettano integralmente la sua organizzazione e tutti i mezzi di salute in essa istituiti, e nel suo corpo visibile sono congiunti con Cristo – che la dirige mediante il Sommo Pontefice e i Vescovi – dai vincoli della professione della fede, dei sacramenti, del regime ecclesiastico e della comunione. Non si salva, però, anche se incorporato alla Chiesa, colui che, non perseverando nella carità, rimane sì in seno alla Chiesa col "corpo", ma non col "cuore". Si ricordino bene tutti i figli della Chiesa che la loro privilegiata condizione non va ascritta ai loro meriti, ma ad una speciale grazia di Cristo; per cui, se non vi corrispondono col pensiero, con le parole e con le opere, non solo non si salveranno, ma anzi saranno più severamente giudicati» (*LG* n. 14).

Penso che queste parole del Concilio spieghino pienamente la difficoltà, sollevata nella sua domanda; esse chiariscono *in quale modo la Chiesa è necessaria alla salvezza*.

Il Concilio parla di *appartenenza alla Chiesa* per i cristiani e di *ordinazione alla Chiesa* per i non cristiani credenti in Dio, per gli uomini di buona volontà (cfr. *LG* nn. 15 e 16). Per la salvezza ambedue queste dimensioni sono importanti, e ognuna di esse possiede vari gradi. Gli uomini si salvano *mediante* la Chiesa, si salvano *nella* Chiesa, ma sempre si salvano *grazie a Cristo. Ambito di salvezza* possono essere, oltre alla formale appartenenza, anche *altre forme di ordinazione*. Paolo VI espone la medesima dottrina nella sua prima Enciclica *Ecclesiam suam*, quando parla di vari *cerchi del dialogo della salvezza* (cfr. nn. 101-117) che sono gli stessi indicati dal Concilio come ambiti di appartenenza e di ordinazione alla Chiesa. Tale è il senso genuino della nota affermazione: «Fuori della Chiesa non c'è salvezza».

È difficile non ammettere che tutta questa dottrina è estremamente *aperta*. Non può essere tacciata di *esclusivismo ecclesiologico*. Coloro che si ribellano contro le presunte pretese della Chiesa cattolica, probabilmente non conoscono, come dovrebbero, questo insegnamento.

La Chiesa cattolica si rallegra quando le altre comunità cristiane annunciano con lei il Vangelo, pur sapendo che *la pienezza dei mezzi di salvezza è a lei affidata. In questo contesto deve essere inteso il «subsistit» dell'insegnamento conciliare* (cfr. Costituzione *Lumen gentium*, n. 8; Decreto *Unitatis redintegratio*, n. 4).

La Chiesa, proprio perché cattolica, è aperta al dialogo con tutti gli altri cristiani, con i seguaci delle religioni non cristiane, e anche con gli uomini di buona volontà, come erano soliti dire Giovanni XXIII e Paolo VI. Che cosa significhi «uomini di buona volontà» lo spiega in modo approfondito e convincente la stessa *Lumen gentium*. La Chiesa vuole annunciare il Vangelo *insieme ai confessori di Cristo*. Vuole indicare a tutti la via dell'eterna salvezza, cioè i princìpi della vita in spirito e verità.

Mi permetta di richiamarmi agli anni della mia prima giovinezza. Ricordo che, un giorno, mio padre mi diede un libro di preghiere in cui c'era la *preghiera allo Spirito Santo*. Mi disse di recitarla quotidianamente. Così, da quel giorno, cerco di fare. Allora compresi per la prima volta che cosa significhino le parole di Cristo alla samaritana sui veri adoratori di Dio, cioè su coloro che Lo adorano in spirito e verità (cfr. *Gv* 4,23). Il mio successivo cammino ebbe molte tappe. Prima di entrare nel seminario, incontrai un laico di nome Jan Tyranowski, che era un vero mistico. Quell'uomo, che ritengo un santo, mi introdusse ai grandi mistici spagnoli e, specialmente, a san Giovanni della Croce. Prima ancora di entrare nel seminario clandestino, leggevo le opere di quel mistico, specialmente le poesie. Per poterlo fare in edizione originale, studiai la lingua spagnola. Quella fu una tappa molto importante nella mia vita.

Penso, però, che *qui ebbero un ruolo essenziale le parole di mio padre, perché esse mi orientarono a essere un vero adoratore di Dio*, mi orientarono a cercare di appartenere ai Suoi veri adoratori, cioè a coloro che Lo adorano in spirito e verità. Ritrovai la Chiesa come comunità di salvezza. In questa Chiesa trovai il mio posto e la mia vocazione. Gradualmente, appresi il significato della redenzione operata da Cristo e, di conseguenza, il significato dei sacramenti, in particolare della Santa Messa. Appresi a quale prezzo siamo stati redenti. E tutto ciò mi introdusse ancor più profondamente nel mistero della Chiesa che, proprio in quanto mistero, ha una dimensione invisibile. Lo ha ricordato il Concilio. *Questo mistero è più grande della sola struttura visibile della Chiesa e della sua organizzazione.* Struttura e organizzazione servono il mistero. La Chiesa, come Corpo mistico di Cristo, pervade tutti noi e tutti comprende. *Le sue dimensioni spirituali, mistiche, sono molto maggiori di quanto riescano a dimostrare tutte le statistiche sociologiche.*

22

Alla ricerca dell'unità perduta

C'è una domanda che sorge spontanea dopo questa Sua risposta. Accanto a indubbi risultati, il dialogo ecumenico – l'impegno, cioè, per la riunificazione dei cristiani, secondo la preghiera al Padre di Cristo stesso (cfr. Gv 17,11 e 21) – non sembra avere risparmiato le delusioni. L'esempio più recente è quello di alcune decisioni della Chiesa anglicana che riaprono un fossato proprio là dove si sperava di essere più vicini alla riunificazione. Santità, quali sono, su questo tema decisivo, le Sue impressioni e le Sue speranze?

Prima di parlare delle delusioni, è opportuno soffermarci sull'iniziativa del Concilio Vaticano II di rilanciare la via ecumenica nella storia della Chiesa. Questa via mi è molto cara. Provengo infatti da una nazione che, pur avendo fama di essere innanzitutto cattolica, ha tuttavia radicate *tradizioni ecumeniche*.

Lungo i secoli della sua storia millenaria, la Polonia ha vissuto l'esperienza di stato dalle molte nazionalità e dalle molte confessioni cristiane, e non soltanto cristiane. Tale tradizione ha fatto e fa sì che un aspetto positivo della mentalità dei polacchi sia la *tolleranza* e l'*apertura* alla gente che la pensa diversamente, che parla altre lingue, che crede, prega o celebra gli stessi misteri della fede in modo differente. Tuttavia, la storia della Polonia è attraversata anche da concrete *iniziative di unificazione*. L'Unione di Brest nel 1596 segnò l'inizio della storia della Chiesa orientale, che oggi si chiama Chiesa cattolica di rito bizantino-ucraino, ma che allora era prima di tutto la Chiesa della popolazione russa e bielorussa.

Questa vuol essere una specie di introduzione alla risposta sulle opinioni di alcuni circa le *delusioni procurateci dal dialogo ecumenico*. Io penso che più forte di tali delusioni sia il fatto stesso di aver intrapreso con lena rinnovata la via che deve condurre tutti i cristiani verso l'unità. Avvicinandosi al termine del secondo millennio, i cristiani hanno avvertito con maggior vivezza che le divisioni tra loro esistenti erano contrarie alla preghiera di Cristo nel cenacolo: «Padre, fa che siano tutti una cosa sola, come tu, Padre, sei in me e io in te ... *perché il mondo creda* che tu mi hai mandato» (cfr. *Gv* 17,21).

I cristiani delle varie confessioni e comunità hanno potuto constatare quanto siano vere queste parole, specialmente attraverso l'*attività missionaria*, che in tempi recenti è stata molto intensa da parte sia della Chiesa cattolica, come ho accennato in precedenza, sia delle varie Chiese e comunità protestanti. Le popolazioni alle quali i missionari si rivolgono annunciando Cristo e il Suo Vangelo, predicando ideali di fratellanza e di unità, non possono evitare di porre delle domande sulla loro unità. È, infatti, necessario sapere quale di queste Chiese o comunità è quella di Cristo, poiché Egli non ha fondato che una Chiesa, la sola che può parlare a nome Suo. Così, dunque, le esperienze connesse con l'attività missionaria hanno dato, in un certo senso, inizio al movimento ecumenico nel significato odierno della parola.

Papa Giovanni XXIII, il quale, mosso da Dio, indisse il Concilio, era solito dire che ciò che ci divide come confessori di Cristo è molto minore di quanto ci unisce. In questa affermazione è contenuta l'*essenza stessa del pensare ecumenico*. Il Concilio Vaticano II è andato nella medesima direzione, come indicano i passi già citati della Costituzione sulla Chiesa *Lumen gentium*, ai quali occorre aggiungere il Decreto sull'ecumenismo *Unitatis redintegratio* e la Dichiarazione sulla libertà religiosa *Dignitatis humanae*, estremamente importante dal punto di vista ecumenico.

Ciò che ci unisce è più grande di quanto ci divide: i documenti conciliari conferirono una forma più concreta a questa fondamentale intuizione di Giovanni XXIII. Tutti, infatti, crediamo nello stesso Cristo; e tale fede è essenzialmente il retaggio dell'insegnamento dei primi sette concili ecumenici precedenti l'anno mille. Esistono dunque le basi per un dialogo, per l'*estensione dello spazio dell'unità*, che deve andare di pari passo con il superamento delle divisioni, in grande misura conseguenza della convinzione del possesso esclusivo della verità.

Le divisioni certamente sono contrarie a quanto aveva stabilito Gesù. Non è possibile immaginare che questa Chiesa, istituita da Cristo sul fondamento degli apostoli e di Pietro, non sia una. Si può invece comprendere come nel corso dei secoli, a contatto con situazioni culturali e politiche differenti, i credenti abbiano potuto interpretare con accentuazioni diverse il medesimo messaggio proveniente dal Vangelo.

Tuttavia, *questi diversi modi di intendere e praticare la fede in Cristo possono essere in certi casi anche complementari*; non è detto che debbano necessariamente escludersi fra loro. Occorre buona volontà per constatare quanto le varie interpretazioni e pratiche della fede possano reciprocamente contenersi e integrarsi. Bisogna anche stabilire *in quale punto si situa il confine della reale divisione, al di là del quale si compromette la fede*. È legittimo affermare che tra la Chiesa cattolica e quella ortodossa il divario non è molto profondo. Quanto invece alle Chiese e alle comunità provenienti dalla Riforma, è doveroso riconoscere che è molto più accentuato, perché c'è stata la violazione di alcuni elementi fondamentali stabiliti da Cristo.

Contemporaneamente, si deve anche rilevare che le *difficoltà di natura psicologica e storica* sono a volte maggiori nelle Chiese ortodosse che non in alcune comunità nate dalla Riforma. Perciò sono così importanti i contatti personali. Me ne convinco ogni volta che incontro i rappresentanti di queste Chiese, sia a Roma, sia durante le visite in varie parti del mondo. Già il fatto stesso di poterci riunire per la comune preghiera è molto eloquente. Ed era assolutamente impensabile alcune decine di anni fa.

A tale proposito è difficile non menzionare alcune visite che hanno avuto particolare rilievo dal punto di vista ecumenico, come quelle, per esempio, in Gran Bretagna e nei paesi scandinavi. In genere si può osservare che *le difficoltà soggettive sono maggiori là dove ebbe il suo inizio la divisione*: così dunque si fanno sentire, se si tratta del protestantesimo, maggiormente in Germania e in Svizzera che, per esempio, nel Nordamerica o in Africa. Mai dimenticherò la frase detta durante l'incontro ecumenico dai rappresentanti delle comunità protestanti nel Camerun: «*Sappiamo di essere divisi, ma non sappiamo il perché*».

In Europa la questione si presenta in modo certamente diverso. Nonostante ciò, si potrebbero citare molte testimonianze che attestano quanto siano in aumento il desiderio e la ricerca dell'unità dei cristiani.

È ovvio che le delusioni, a cui lei accennava, non potevano non aversi nel caso di persone o di ambienti che concepivano in un modo troppo facile, e diciamo pure troppo superficiale, il problema dell'unità dei cristiani. C'erano molte persone entusiaste, sostenute da un grande ottimismo, le quali erano pronte a ritenere che il Concilio Vaticano II avesse ormai posto fine al problema. Il Concilio, invece, aprì solo la strada all'unità. L'aprì impegnando in essa prima di tutto la Chiesa cattolica; ma *il cammino stesso è un processo*, che deve gradualmente farsi strada attraverso gli ostacoli, di natura sia dottrinale sia culturale e sociale, che sono venuti accumulandosi nel corso dei secoli. Bisogna quindi, per così dire, *sbarazzarsi degli stereotipi, delle abitudini*. E occorre, soprattutto, *scoprire l'unità che di fatto già esiste*.

Tanto è già stato compiuto su tale via. Il dialogo ecumenico a vari livelli è in pieno svolgimento e sta portando molti frutti concreti. Numerose commissioni teologiche sono concordemente al lavoro. Chiunque segua da vicino questi problemi non può non avvertire un chiaro soffio dello Spirito Santo. Nessuno però si illude che il cammino verso l'unità sia breve o che in esso manchino gli ostacoli. Bisogna soprattutto *pregare molto*, impegnarsi in un'opera di profonda conversione, da realizzare mediante la comune preghiera e il concorde lavoro a favore della giustizia, della pace e di una più cristiana impostazione dell'ordine temporale, a favore di tutto ciò che è coerentemente richiesto dalla missione di confessori di Gesù Cristo nel mondo.

Nel nostro secolo, in particolare, hanno avuto luogo fatti in profondo contrasto con la verità evangelica. Alludo soprattutto alle *due guerre mondiali* e ai campi di concentramento e di sterminio. Paradossalmente, forse proprio questi fatti possono aver rafforzato la coscienza ecumenica tra i cristiani divisi. Un ruolo particolare ha certo svolto, a tale riguardo, lo *sterminio degli ebrei*: esso ha posto, contemporaneamente davanti alla Chiesa e al cristianesimo, la questione del rapporto tra la Nuova e l'Antica Alleanza. In campo cattolico, il frutto della riflessione conciliare su questo rapporto si è avuto nella *Nostra aetate*, che tanto ha contribuito a far maturare la consapevolezza – già ne parlammo – che i figli di Israele sono i nostri «fratelli maggiori». È una maturazione avvenuta attraverso il dialogo, in particolare quello ecumenico. Nella Chiesa cattolica tale dialogo con gli ebrei ha significativamente il suo centro nel Consiglio per la promozione dell'unità dei cristiani, che si occupa allo stesso tempo del dialogo tra le varie comunità cristiane.

Se prendiamo in considerazione tutto questo, è difficile non riconoscere che il compito ecumenico è stato fatto proprio con entusiasmo dalla Chiesa cattolica, la quale lo ha assunto in tutta la sua complessità e lo svolge giorno per giorno con grande serietà. Naturalmente, la questione dell'effettiva unità non è e non può essere frutto di sforzi soltanto umani. *Il vero protagonista resta lo Spirito Santo*, al quale spetterà di decidere in quale momento il processo dell'unità sarà abbastanza maturo, anche dal lato umano.

Quando avverrà questo? Non è facile prevederlo. In ogni caso, in occasione dell'inizio del terzo millennio, che si sta approssimando, i cristiani hanno notato che, mentre il primo millennio è stato il periodo della Chiesa indivisa, il secondo ha portato in Oriente e in Occidente profonde divisioni, che oggi occorre ricomporre.

Bisogna che l'anno duemila ci trovi almeno più uniti, più disposti a imboccare il cammino di quell'unità per la quale Cristo pregò la vigilia della Sua Passione. Il valore di tale unità è enorme. Si tratta in un qualche senso del futuro del mondo, si tratta del futuro del Regno di Dio nel mondo. Le debolezze e i pregiudizi umani non possono distruggere ciò che è il disegno di Dio riguardo al mondo e all'umanità. Se valutiamo tutto questo, possiamo guardare al futuro con un certo *ottimismo*. Possiamo aver fiducia che «Colui che ha iniziato in noi quest'opera buona la porterà a compimento» (cfr. *Fil* 1,6).

23
Perché divisi?

I disegni di Dio – ai quali Ella ha appena accennato – sono spesso imperscrutabili: solo nell'Aldilà ci sarà dato di «vedere» davvero e, dunque, di capire. Ma sarà forse possibile scorgere sin da ora un barlume di risposta alla domanda che, nei secoli, è stata di tanti credenti? Perché, cioè, lo Spirito Santo avrebbe permesso tante e tali divisioni e inimicizie tra coloro che pure si dicono seguaci dello stesso Vangelo, discepoli del medesimo Cristo?

Sì, è così, potremmo davvero domandarci: *perché lo Spirito Santo ha permesso tutte queste divisioni?* In genere, le loro cause e i meccanismi storici sono conosciuti. È legittimo però chiedersi se non vi sia anche una *motivazione metastorica*.

A questa domanda possiamo trovare due risposte. Una, più *negativa*, vede nelle divisioni il frutto amaro dei peccati dei cristiani. L'altra, invece, più *positiva*, è generata dalla fiducia in Colui che trae il bene persino dal male, dalle debolezze umane: non potrebbe essere, dunque, che le divisioni siano state anche *una via che ha condotto e conduce la Chiesa a scoprire le molteplici ricchezze contenute nel Vangelo di Cristo e nella redenzione da Lui operata?* Forse tali ricchezze non sarebbero potute venire alla luce diversamente...

In una visione più generale, si può infatti affermare che, per la conoscenza e per l'azione umane, è significativa anche una certa *dialettica*. Lo Spirito Santo, nella Sua condiscendenza divina, non lo ha preso in qualche modo in considerazione? Bisogna che *il genere umano raggiunga l'unità mediante la pluralità, che impari a raccogliersi nell'unica Chiesa, pur nel pluralismo delle forme del pensare e dell'agire, delle culture e delle civiltà.* Una tale maniera di intendere non potrebbe essere in un certo senso più consona alla sapienza di Dio, alla Sua bontà e provvidenza?

Questa, tuttavia, non può essere una giustificazione per divisioni che si approfondiscano sempre più! *Deve giungere il tempo in cui si manifesti l'amore che unisce!* Numerosi indizi lasciano pensare che quel tempo sia effettivamente giunto e, di conseguenza, risulta evidente l'importanza dell'ecumenismo per il cristianesimo. Esso costituisce una risposta all'invito della Prima Lettera di Pietro a «dare ragione della speranza che è in noi» (cfr. 3,15).

Il mutuo rispetto è una condizione preliminare per un autentico ecumenismo. Ho richiamato poc'anzi le esperienze vissute nel paese nel quale sono nato, e ho sottolineato come le vicende della sua storia vi abbiano formato una società pluriconfessionale e plurinazionale, caratterizzata da grande tolleranza. Ai tempi in cui nell'Occidente si svolgevano processi e si accendevano i roghi per gli eretici, l'ultimo re polacco della stirpe degli Jagelloni ne diede prova con le parole: «Non sono il re delle vostre coscienze».

Ricordiamo del resto che il Signore Gesù ha conferito a Pietro dei compiti pastorali, che consistono nel mantenere l'unità del gregge. Nel *ministero petrino* c'è dunque anche il *ministero dell'unità*, che si esplica in particolare nel campo ecumenico. Il compito di Pietro è di cercare costantemente le vie che servono al mantenimento dell'unità. Egli, dunque, non deve creare ostacoli, ma cercare delle vie. Il che non è affatto in contraddizione con il compito affidatogli da Cristo di «confermare i fratelli nella fede» (cfr. *Lc* 22,32). Inoltre, è significativo che Cristo abbia pronunciato queste parole proprio quando l'apostolo stava per rinnegarLo. Era come se il Maestro stesso avesse voluto dirgli: «Ricordati che sei debole, che anche tu hai bisogno di un'incessante conversione. *Puoi confermare gli altri in quanto hai coscienza della tua debolezza.* Ti do come compito la verità, la grande verità di Dio, destinata alla salvezza dell'uomo, ma questa verità non può essere predicata e realizzata in alcun altro modo che amando». È necessario, sempre, «*veritatem facere in caritate*» (far verità nella carità; cfr. *Ef* 4,15).

24
La Chiesa a Concilio

Lasci che – sempre a scopo di pungolo – continui a farmi porta-
voce di chi dice di voler rifiutare sia l'ottimismo sia il pessimi-
smo, per rifarsi a un duro ma doveroso realismo. Ella non igno-
ra di certo che non sono mancati, né mancano tuttora, coloro
che sostengono che le porte spalancate dal Concilio Vaticano II
sembrano essere servite – se si fa un bilancio non retorico né
trionfalistico dei decenni postconciliari – più a chi era «dentro»
la Chiesa per uscirne che per chi era «fuori» per entrarvi. C'è
chi non esita neppure a lanciare allarmi sulla situazione della
Chiesa, la cui unità di fede e di governo non sarebbe più così sal-
da, bensì minacciata da tendenze centrifughe e dal risorgere di
opinioni teologiche non conformi al magistero.

Mi permetta di non essere d'accordo con simili prospettive. Quanto ho detto finora mi porta ad avere, su questo
problema, un'opinione diversa da quella di altri e da lei
riferita. È un'opinione, la mia, che proviene dalla fede nello Spirito Santo che guida la Chiesa e anche da un'accura-
ta osservazione dei fatti. *Il Concilio Vaticano II è stato un
grande dono per la Chiesa*, per tutti coloro che vi hanno preso parte; è stato un dono per l'intera famiglia umana, un
dono per ciascuno di noi.

È difficile dire qualcosa di nuovo sul Vaticano II. Allo
stesso tempo, c'è sempre il bisogno di richiamarsi a esso,
che è divenuto un compito e una sfida per la Chiesa e per
il mondo. Si avverte l'esigenza di parlare del Concilio, *per
interpretarlo in modo adeguato e difenderlo dalle interpretazioni tendenziose*. Tali interpretazioni infatti esistono e non sono apparse soltanto alla fine; in un certo senso il Concilio
le ha già trovate nel mondo e persino nella Chiesa. In esse
si esprimevano le *disposizioni d'animo favorevoli oppure contrarie alla sua accettazione e comprensione* e anche all'impegno per introdurlo nella vita.

Ho avuto la particolare fortuna di *poter prender parte al
Concilio dal primo sino all'ultimo giorno*. Questo non era affatto scontato, poiché le autorità comuniste nel mio paese
consideravano il viaggio a Roma come un privilegio, del
tutto gestito da loro. Se, dunque, in simili condizioni mi

fu dato di partecipare al Concilio dall'inizio sino alla fine, a ragione si può giudicarlo uno *speciale dono di Dio*.

Sulla base dell'esperienza conciliare scrissi *Alle fonti del rinnovamento*. All'inizio del libro affermavo che voleva essere un *tentativo di estinguere il debito* contratto da ogni vescovo nei riguardi dello Spirito Santo, partecipando al Concilio. Sì, il Concilio ebbe in sé qualcosa della Pentecoste: indirizzò l'episcopato di tutto il mondo, e quindi la Chiesa, proprio sulle vie lungo le quali occorreva procedere al termine del secondo millennio. Vie di cui parla Paolo VI nell'*Ecclesiam suam* (cfr. nn. 60 ss.).

Quando cominciai a prendere parte al Concilio, ero un giovane vescovo. Ricordo che il mio posto dapprima fu più vicino all'entrata della basilica di San Pietro, mentre dalla terza sessione in poi, da quando cioè fui nominato arcivescovo di Cracovia, fu spostato più verso l'altare.

Il Concilio era un'occasione singolare per ascoltare gli altri, ma anche per pensare creativamente. Come naturale, i vescovi più anziani ed esperti recavano un contributo maggiore alla maturazione del pensiero conciliare. All'inizio, siccome ero giovane, piuttosto imparavo; gradualmente, però, arrivai a una forma più matura e più creativa di partecipazione al Concilio.

Così, dunque, già durante la terza sessione *mi trovai nell'équipe che preparava il cosiddetto Schema XIII*, il documento che sarebbe poi diventato la Costituzione pastorale *Gaudium et spes*; potei in tal modo partecipare ai lavori estremamente interessanti di questo gruppo, composto dai rappresentanti della Commissione teologica e dell'Apostolato dei laici. Sempre vivo nella mia memoria rimane il ricordo dell'incontro ad Ariccia, nel gennaio 1965. Contrassi anche personali debiti di gratitudine nei riguardi del cardinale Gabriel-Marie Garrone per il suo fondamentale aiuto nell'elaborazione del nuovo documento. Lo stesso vale per altri vescovi e teologi, con i quali ebbi la fortuna di sedere intorno allo stesso tavolo di lavoro. Molto devo in particolare a padre Yves Congar e a padre Henri De Lubac. Ricordo ancora oggi le parole con cui quest'ultimo mi incoraggiò a perseverare nella linea che avevo definito durante la discussione. Ciò avveniva quando ormai le sedute si svolgevano in Vaticano. Da quel momento strinsi una speciale amicizia con padre De Lubac.

Il Concilio fu *una grande esperienza della Chiesa*, oppure – come allora si diceva – il «*seminario dello Spirito Santo*». Al Concilio lo Spirito Santo parlava a tutta la Chiesa nella sua universalità, che era determinata dalla partecipazione dei vescovi del mondo intero. Determinante era anche la partecipazione dei rappresentanti delle Chiese e delle comunità non cattoliche, molto numerose.

Ciò che lo Spirito Santo dice costituisce sempre una penetrazione più profonda dell'eterno Mistero, e insieme un'indicazione della strada da percorrere agli uomini che hanno il compito di trasferire tale Mistero nel mondo contemporaneo. Il fatto stesso che quegli uomini vengano convocati dallo Spirito Santo e costituiscano, durante il concilio, una particolare comunità che insieme ascolta, insieme prega, insieme pensa e crea, ha un'importanza fondamentale per l'evangelizzazione, per quella *nuova evangelizzazione che proprio con il Vaticano II ha avuto il suo inizio*. Tutto ciò è in stretto collegamento con una nuova epoca nella storia dell'umanità e anche nella storia della Chiesa.

25
Anomalo, ma necessario

Il Santo Padre non ha dunque esitazioni: in quel periodo della storia della Chiesa e del mondo, c'era bisogno di un concilio ecumenico come il Vaticano II, «anomalo» per stile e contenuti rispetto agli altri venti precedenti, da Nicea nel 325 al Vaticano I nel 1869.

Ce n'era bisogno non tanto per contrapporsi a una particolare eresia, come capitava nei primi secoli, ma per avviare una sorta di *processo bipolare*: da una parte, l'uscita del cristianesimo dalle divisioni accumulatesi durante tutto il millennio che volge al termine; dall'altra, la ripresa, per quanto possibile in comune, della missione evangelica alle soglie del terzo millennio.

Sotto questo aspetto, come lei giustamente osserva, il Concilio Vaticano II si distingue dai concili precedenti per il *suo particolare stile*. Non è stato uno stile difensivo. Neanche una volta nei documenti conciliari s'incontrano le parole «*anathema sit*» (sia scomunicato). È stato uno *stile ecumenico*, caratterizzato da grande apertura al dialogo, che il Papa Paolo VI qualificava come «dialogo della salvezza».

Tale dialogo non doveva limitarsi soltanto all'ambito cristiano, ma aprirsi anche alle religioni non cristiane, e raggiungere l'intero mondo della cultura e della civiltà, compreso quello di coloro che non credono. *La verità, infatti, non accetta alcun limite*. È per tutti e per ciascuno. E se tale verità viene realizzata nella carità (cfr. *Ef* 4,15), allora diventa ancor più universalistica. Proprio questo è stato lo stile del Concilio Vaticano II, lo spirito in cui s'è svolto.

Tale stile e tale spirito rimarranno anche in futuro la verità essenziale sul Concilio; non le controversie tra «progressisti» e «conservatori» – controversie politiche e non religio-

se – a cui alcuni hanno voluto ridurre l'evento conciliare. Secondo questo spirito il Vaticano II continuerà a essere per lungo tempo una sfida per tutte le Chiese e un compito per ognuno.

Nei decenni trascorsi dalla conclusione del Vaticano II abbiamo potuto riscontrare come detta sfida e detto compito siano stati accolti sotto vari aspetti e in varie dimensioni. Ciò è accaduto innanzitutto con i *sinodi postconciliari*: sia i sinodi generali dei vescovi di tutto il mondo convocati dal Papa, sia quelli delle singole diocesi o province ecclesiastiche. So per esperienza come questo *metodo sinodale* corrisponda alle attese dei vari ambienti e quali frutti porti. E penso ai sinodi diocesani che, quasi spontaneamente, si sono disfatti dell'antica unilateralità clericale e sono divenuti *un modo per esprimere la responsabilità di ciascuno verso la Chiesa*. La responsabilità comunitaria verso la Chiesa, che i laici oggi sentono in modo particolare, è certamente fonte di rinnovamento. Essa forma il volto della Chiesa per le nuove generazioni, nella prospettiva del terzo millennio.

Per il ventennale della chiusura del Concilio, nel 1985, fu convocato il Sinodo straordinario dei vescovi. Ricordo questo fatto perché da quel Sinodo proviene l'iniziativa del *Catechismo della Chiesa cattolica*. Alcuni teologi, a volte interi ambienti, diffondevano la tesi che non ci fosse più bisogno ormai di alcun catechismo, essendo tale forma di trasmissione della fede superata e, perciò, da abbandonare. Esprimevano anche l'opinione che la creazione di un catechismo della Chiesa universale fosse di fatto irrealizzabile. Erano gli stessi ambienti che, a suo tempo, avevano giudicato inutile e inopportuno il nuovo Codice di diritto canonico, annunciato già da Giovanni XXIII. Invece, la voce dei vescovi nel Sinodo rivelava tutt'altro parere: il nuovo Codice era stato una provvida iniziativa che andava incontro a un bisogno della Chiesa.

Indispensabile era anche il catechismo, *affinché tutta la*

ricchezza del magistero della Chiesa, dopo il Concilio Vaticano II, potesse ricevere una nuova sintesi e, in un certo senso, un nuovo orientamento. Senza il Catechismo della Chiesa universale ciò sarebbe stato irraggiungibile. I singoli ambienti, in base a questo testo del magistero, avrebbero in seguito creato dei loro propri catechismi secondo le necessità locali. In tempi relativamente brevi la grande sintesi fu realizzata. A essa prese parte veramente tutta la Chiesa. Particolari meriti al riguardo devono essere riconosciuti al cardinale Joseph Ratzinger, Prefetto della Congregazione per la dottrina della fede. Il Catechismo, pubblicato nel 1992, è diventato un bestseller nel mercato librario mondiale, a conferma di quanto grande sia la richiesta di questo genere di lettura, che a prima vista potrebbe sembrare impopolare.

E l'interesse per il catechismo non cessa. Ci troviamo, dunque, di fronte a una realtà nuova. *Il mondo, stanco di ideologie, si apre alla verità.* È giunto il tempo in cui lo splendore di questa verità evangelica comincia a rischiarare nuovamente le tenebre dell'esistenza umana. Anche se è difficile giudicare fin d'ora, sulla base di quanto si è compiuto e di quanto si sta compiendo è evidente che *il Concilio non rimarrà lettera morta.*

Lo Spirito, che ha parlato per mezzo del Vaticano II, non ha parlato invano. L'esperienza di questi anni ci lascia intravedere nuove prospettive di apertura verso quella verità divina che la Chiesa deve annunciare «in ogni occasione opportuna e non opportuna» (2*Tm* 4,2). Ciascun ministro del Vangelo dovrebbe rendere grazie allo Spirito Santo per il dono del Concilio e dovrebbe costantemente sentirsi suo debitore. E perché questo debito venga estinto saranno necessari molti anni ancora e molte generazioni.

26
Una qualità rinnovata

Mi lasci osservare che pure queste Sue parole, così chiare, confermano ancora una volta la parzialità, la miopia di coloro che giunsero a sospettarLa di intenzioni «restauratrici», di progetti di «reazione» alle novità conciliari.

Ella, tuttavia, non ignora che ben pochi, tra i cattolici, si spingono a dubitare della opportunità del rinnovamento operato nella Chiesa. Ciò che è in discussione non è certo il Vaticano II, ma alcune interpretazioni che si dicono non conformi non solo alla lettera di quei documenti ma anche allo spirito stesso dei padri conciliari.

Mi permetta allora di tornare a quella sua domanda anch'essa, come altre, intenzionalmente provocatoria: il Concilio spalancò le porte perché gli uomini di oggi potessero entrare nella Chiesa, oppure le porte furono aperte perché uomini, ambienti e società cominciassero a uscirne?

L'opinione riportata dalle sue parole risponde in certa misura a verità, specialmente se guardiamo alla *Chiesa nella sua dimensione occidentale-europea* (anche se nella stessa Europa occidentale siamo testimoni del manifestarsi di molti sintomi di rinnovamento religioso). Ma la situazione della Chiesa va valutata globalmente. Bisogna prendere in considerazione tutto *ciò che oggi avviene nell'Europa centro-orientale e fuori dell'Europa*, nel Nord e Sudamerica, ciò che avviene nei paesi di missione, in particolare nel continente africano, nelle vaste aree dell'Oceano Indiano e del Pacifico, e in certa misura persino nei paesi asiatici, inclusa la Cina. In molte di quelle terre la Chiesa è costruita sul fondamento dei martiri, e su questo fondamento cresce con vigore rinnovato come Chiesa minoritaria, sì, ma molto vitale.

A partire dal Concilio noi assistiamo a un *rinnovamento prima di tutto qualitativo*. Anche se continuano a scarseggiare i sacerdoti e se le vocazioni sono sempre troppo poche, *si destano e crescono i movimenti a carattere religioso*. Nascono su uno sfondo un po' diverso dalle antiche associazioni cattoliche di profilo piuttosto sociale, le quali, ispirandosi alla dottrina della Chiesa in materia, tendevano alla trasformazione della società, alla restituzione della giustizia sociale. Alcune di esse entrarono in un dialogo così intenso con il marxismo da perdere, in qualche misura, la loro identità cattolica.

I nuovi movimenti, invece, sono orientati innanzitutto verso il rinnovamento della persona. L'uomo è il primo soggetto di ogni cambiamento sociale e storico, ma per poter svolgere questo ruolo deve egli stesso rinnovarsi in Cristo, nello Spirito Santo. È una direzione che promette molto per il futuro della Chiesa. *Una volta il rinnovamento della Chiesa passava principalmente attraverso gli ordini religiosi.* Così fu nel periodo dopo la caduta dell'impero romano con i benedettini e, nel Medioevo, con gli ordini mendicanti: francescani e domenicani; così fu nel periodo dopo la Riforma con i gesuiti, i barnabiti e le altre iniziative simili; nel secolo XVIII con redentoristi e passionisti; nel secolo XIX con dinamiche congregazioni missionarie come i verbiti, i salvatoriani e, naturalmente, i salesiani.

Accanto agli ordini religiosi anche di fondazione recente e alla meravigliosa fioritura degli istituti secolari durante il nostro secolo, nel periodo conciliare e postconciliare sono apparsi questi nuovi movimenti. Essi, pur raccogliendo anche persone consacrate, comprendono specialmente laici che vivono nel matrimonio ed esercitano varie professioni. L'ideale del rinnovamento del mondo in Cristo nasce in linea diretta dal fondamentale impegno battesimale.

Sarebbe ingiusto, oggi, parlare soltanto di abbandono. Ci sono anche dei ritorni. *Soprattutto, c'è una trasformazione molto radicale del modello di base.* Ho in mente l'Europa e l'America, in particolare quella del Nord e, in un altro senso, quella del Sud. *Il modello tradizionale, quantitativo, si trasforma in un modello nuovo, più qualitativo.* E anche questo è frutto del Concilio.

Il Vaticano II è apparso nel momento in cui il vecchio

modello cominciava a cedere il posto al nuovo. Così, dunque, bisogna dire che *il Concilio è venuto nel momento opportuno* e ha assunto un compito di cui, all'epoca, aveva bisogno non soltanto la Chiesa, ma anche il mondo intero.

Se la Chiesa postconciliare ha delle difficoltà nel campo della dottrina o della disciplina, non sono comunque tanto gravi da comportare una seria minaccia di nuove divisioni. La Chiesa del Concilio Vaticano II, la *Chiesa dell'intensa collegialità dell'episcopato mondiale*, veramente serve in vari modi questo mondo e si propone come il vero Corpo di Cristo, come ministra della Sua missione salvifica e redentrice, come fautrice di giustizia e di pace.

In un mondo diviso, *l'unità sovrannazionale della Chiesa cattolica rimane una grande forza*, rilevata a suo tempo dai suoi nemici e anche oggi presente alle varie istanze della politica e dell'organizzazione mondiale. Non per tutti questa è una forza comoda. In molte direzioni la Chiesa ripete il suo *non possumus* apostolico (cfr. *At* 4,20), rimanendo in tal modo fedele a se stessa e diffondendo intorno a sé quel *veritatis splendor* che lo Spirito Santo riversa sul volto della Sua Sposa.

27
Quando il «mondo» dice no

Il Suo richiamo alla fermezza di Pietro e Giovanni negli Atti degli Apostoli («noi non possiamo tacere quello che abbiamo visto e ascoltato», 4,20) ci ricorda che – malgrado ogni volontà di dialogo – non sempre e non da tutti sono bene accette le parole del Papa. In non pochi casi si constata un rifiuto esplicito, talvolta violento (almeno a dar credito a quello specchio forse deformante che è certo media-system internazionale), allorché la Chiesa ribadisce il suo insegnamento, soprattutto su temi come quelli morali.

Lei accenna al problema dell'*accoglienza dell'insegnamento della Chiesa nel mondo odierno*, specialmente nel campo dell'etica e della morale. Qualcuno sostiene che nelle questioni della moralità, e prima di tutto in quelle dell'etica sessuale, la Chiesa e il Papa non si incontrano con la tendenza dominante nel mondo contemporaneo, volta a una sempre maggiore libertà di costumi. Poiché il mondo si sviluppa proprio in questa direzione, nasce l'impressione che la Chiesa torni indietro o, comunque, che il mondo si allontani da essa. Il mondo, dunque, si allontana dal Papa, il mondo si allontana dalla Chiesa...

È un'opinione molto diffusa, ma sono convinto che sia profondamente ingiusta. Proprio la nostra Enciclica *Veritatis splendor*, anche se non riguarda direttamente il campo dell'etica sessuale ma la grande minaccia costituita per la civiltà occidentale dal *relativismo morale*, lo dimostra. Se ne rese ben conto Papa Paolo VI, che sapeva essere suo dovere l'intraprendere la lotta contro tale relativismo in vista del bene essenziale dell'uomo. Con la sua Enciclica *Humanae vitae* pose in atto l'esortazione dell'apostolo Paolo, il quale scriveva al suo discepolo Timoteo: «annunzia la parola, insisti in ogni occasione opportuna e non opportuna ... Verrà giorno, infatti, in cui non si sopporterà più la sana dottrina» (2Tm 4,2-3).

Non sembrano, queste parole dell'apostolo, stigmatizzare proprio la situazione contemporanea?

I mezzi di comunicazione hanno abituato i vari ambienti sociali ad ascoltare ciò che «solletica le orecchie» (cfr. *2Tm* 4,3). Situazione ancor peggiore si ha quando i teologi, e specialmente i moralisti, si alleano con i mezzi di comunicazione, i quali ovviamente danno ampia risonanza a quanto essi dicono e scrivono in contrasto con «la sana dottrina». Infatti, *quando la vera dottrina è impopolare, non è lecito cercare una popolarità facile*. La Chiesa deve dare una risposta sincera alla domanda: «Che cosa devo fare di buono per ottenere la vita eterna?» (*Mt* 19,16). Cristo ci ha prevenuti, avvertendo che la via della salvezza non è larga e comoda, ma stretta e angusta (cfr. *Mt* 7,13-14). Non abbiamo diritto di abbandonare tale ottica, né di mutarla. Questo è il monito del magistero, questo è anche il dovere dei teologi – soprattutto dei moralisti – i quali, come collaboratori della Chiesa docente, hanno una loro parte speciale.

Naturalmente, rimangono valide le parole di Gesù riguardo a quei pesi di cui certi maestri caricano le spalle degli uomini, non volendo portarli essi stessi (cfr. *Lc* 11,46). Ma si deve tuttavia considerare *quale sia il peso maggiore: se la verità, persino quella molto esigente; o se, invece, un'apparenza della verità, che crea soltanto l'illusione della correttezza morale*. La *Veritatis splendor* aiuta proprio ad affrontare questo fondamentale dilemma che la gente sembra cominciare a capire. Penso, infatti, che oggi lo si comprenda meglio che nel 1968, quando Paolo VI pubblicava l'*Humanae vitae*.

È vero che la Chiesa è ferma e il mondo si allontana da lei? Si può dire che il mondo si sviluppi soltanto verso una maggiore libertà di costumi? Queste parole non mascherano forse quel relativismo che è tanto nefasto per l'uomo?
Non soltanto per l'aborto, ma anche per la contraccezione, *si tratta in definitiva della verità sull'uomo*. Allontanarsi da tale verità non costituisce affatto una tendenza verso lo sviluppo, non può essere ritenuta una misura di «progresso etico». Di fronte a simili tendenze ogni pastore della Chiesa, e soprattutto il Papa, deve essere particolarmente

sensibile, per non disattendere il severo monito contenuto nella Seconda Lettera di Paolo a Timoteo: «Tu, però, vigila attentamente, sappi sopportare le sofferenze, compi la tua opera di annunziatore del vangelo, adempi il tuo ministero» (4,5).

La fede nella Chiesa oggi. Nel Simbolo – tanto in quello apostolico che nel niceno-costantinopolitano – diciamo: *Credo la Chiesa.* Poniamo dunque la Chiesa sul medesimo piano del mistero della Santissima Trinità e dei misteri dell'Incarnazione e della Redenzione. Tuttavia, come ha ben rilevato il padre De Lubac, questa fede nella Chiesa significa una cosa diversa dalla fede nei grandi misteri di Dio stesso, poiché *non soltanto crediamo nella Chiesa, ma contemporaneamente la costituiamo.* Seguendo il Concilio, possiamo dire di credere nella Chiesa come in un mistero. E, insieme, sappiamo di essere Chiesa come popolo di Dio. Siamo Chiesa anche come membri della struttura gerarchica e, prima di tutto, come membri della missione messianica di Cristo, la quale possiede un triplice carattere: profetico, sacerdotale e regale.

Si può dire che *la nostra fede nella Chiesa è stata rinnovata e approfondita in modo significativo dal Concilio.* Per lungo tempo nella Chiesa si è vista piuttosto la dimensione istituzionale, gerarchica, e si è un po' trascurata la fondamentale dimensione di grazia, carismatica, propria del popolo di Dio.

Attraverso il magistero del Concilio, potremmo dire che *la fede nella Chiesa ci è stata nuovamente affidata come compito.* Il rinnovamento postconciliare è, innanzitutto, rinnovamento di questa fede, straordinariamente ricca e feconda. La fede nella Chiesa, come la insegna il Concilio Vaticano II, induce a rivedere certe schematizzazioni troppo rigide: per esempio, la distinzione tra Chiesa *docente*, che insegna, e Chiesa *discente*, che impara, deve tener conto del fatto che ogni battezzato partecipa, seppure al suo livello, della missione profetica, sacerdotale e regale di

Cristo. *Si tratta dunque non soltanto di cambiare dei concetti, ma di innovare gli atteggiamenti*, come ho cercato di mostrare nel mio studio postconciliare già citato e intitolato *Alle fonti del rinnovamento*.

Mi permetta, però, di ritornare un momento all'attuale situazione religiosa dell'Europa. Alcuni si aspettavano che, dopo la caduta del comunismo, si avesse per così dire una *svolta istintiva verso la religione* in tutti gli strati della società. È avvenuto questo? Certamente non è avvenuto nel modo in cui qualcuno se lo immaginava; e tuttavia si può affermare che stia avvenendo, specialmente in Russia. Come? Soprattutto nella forma del ritorno alla tradizione e alla pratica della Chiesa ortodossa. In quelle regioni, inoltre, grazie alla riacquistata libertà religiosa, è rinata anche la Chiesa cattolica, presente da secoli per il tramite dei polacchi, dei tedeschi, dei lituani, degli ucraini abitanti in Russia, e stanno giungendo le comunità protestanti e numerose *sette occidentali*, che dispongono di grandi mezzi economici.

In altri paesi il processo di ritorno alla religione, oppure di perseveranza nella propria Chiesa, si sviluppa a seconda della situazione vissuta dalla Chiesa durante l'oppressione comunista e, in un certo senso, anche in relazione alle tradizioni più antiche. Lo si può facilmente rilevare osservando società come la Boemia, la Slovacchia, l'Ungheria, e anche la Romania in maggioranza ortodossa, o la Bulgaria. Una loro problematica presentano i paesi della ex Iugoslavia e quelli baltici.

Ma in che cosa sta la vera forza della Chiesa? Naturalmente, la forza della Chiesa, in Oriente e in Occidente, attraverso tutti i secoli, sta nella testimonianza dei *santi*, cioè di coloro che della verità di Cristo hanno fatto la loro propria verità, di coloro che hanno seguito la strada che è Lui stesso, che hanno vissuto la vita che scaturisce da Lui nello Spirito Santo. E non sono mai mancati questi santi alla Chiesa, in Oriente e in Occidente.

I santi del nostro secolo sono stati in gran parte dei *martiri*. I regimi totalitari, che hanno dominato in Europa alla metà del XX secolo, hanno contribuito a incrementarne il numero. I campi di concentramento, i campi di morte, che hanno prodotto, tra l'altro, il mostruoso olocausto ebraico, hanno rivelato autentici santi tra i cattolici e gli ortodossi, e anche tra i protestanti. Si è trattato di veri martiri. Basti ricordare le figure di padre Massimiliano Kolbe e di Edith Stein e, prima ancora, quelle dei martiri della guerra civile in Spagna. Nell'est dell'Europa è enorme l'esercito dei santi martiri, specialmente ortodossi: russi, ucraini, bielorussi e dei vasti territori oltre gli Urali. Ci sono stati pure martiri cattolici nella Russia stessa, in Bielorussia, in Lituania, nei paesi baltici, nei Balcani, in Ucraina, in Galizia, in Romania, Bulgaria, Albania, nei paesi dell'ex Iugoslavia. È questa la grande moltitudine di coloro che, come è detto nell'Apocalisse, «seguono l'Agnello» (14,4). Essi hanno completato nel loro martirio la testimonianza redentrice di Cristo (cfr. *Col* 1,24) e, allo stesso tempo, si trovano *alle basi di un mondo nuovo, della nuova Europa e della nuova civiltà.*

28
Vita eterna: esiste ancora

Nella Chiesa di questi anni si sono moltiplicate le parole: pare che, nell'ultimo ventennio, siano stati prodotti più «documenti», a ogni livello ecclesiale, che nei quasi venti secoli precedenti.

Eppure, ad alcuni è sembrato che questa Chiesa tanto loquace tacesse sull'essenziale: la vita eterna.

Onestà impone di riconoscere che non si può dire altrettanto del Santo Padre, che a questo vertice della prospettiva cristiana si è riferito con abbondanza nella risposta sulla «salvezza» e ne ha sparso cenni decisi in altri punti dell'intervista. Ma è a ciò che appare da certa pastorale, da certa teologia, che mi rifaccio per chiederLe: paradiso, purgatorio, inferno «esistono» ancora? Perché tanti uomini di Chiesa ci commentano senza sosta l'attualità e non ci parlano quasi più di quella eternità, di quella unione definitiva con Dio che pure, stando alla fede, resta la vocazione, il destino, il fine ultimo dell'uomo?

Per favore, apra la *Lumen gentium* al capitolo VII, ove è trattata l'indole escatologica della Chiesa peregrinante sulla terra, come pure l'unione della Chiesa terrena con quella celeste. La sua domanda non verte sull'unione della Chiesa peregrinante con la Chiesa celeste, ma sul nesso tra escatologia e Chiesa sulla terra. Al riguardo, lei rileva che, nella pratica pastorale, questa prospettiva è stata in qualche modo smarrita e devo riconoscere che, in merito, ha qualche ragione.

Ricordiamo che, in tempi ancora non troppo lontani, nelle prediche durante i ritiri o le missioni, i *Novissimi* – morte, giudizio, paradiso, inferno e purgatorio – sempre costituivano un punto fisso del programma di meditazione e i predicatori ne sapevano parlare in modo efficace e suggestivo. Quante persone furono indotte alla conversione e alla confessione da queste prediche e riflessioni sulle cose ultime!

Inoltre, bisogna riconoscerlo, questo stile pastorale era *profondamente personalistico*: «Ricordati che alla fine ti presenterai davanti a Dio con tutta la tua vita, che davanti al Suo tribunale porterai la responsabilità per tutti i tuoi atti, che sarai giudicato non soltanto sui tuoi atti e sulle tue parole, ma anche sui pensieri, persino i più segreti». Si può dire che tali prediche, perfettamente corrispondenti al contenuto della Rivelazione nell'Antico e nel Nuovo Testamento, penetravano profondamente nel mondo intimo dell'uomo. Scuotevano la sua coscienza, lo gettavano in ginocchio, lo conducevano alla grata del confessionale, avevano una loro profonda azione salvifica.

L'uomo è libero e, perciò, *responsabile*. La sua è una responsabilità personale e sociale, è una responsabilità davanti a Dio. Responsabilità in cui sta la sua grandezza. Comprendo che cosa teme chi avanza i rilievi di cui lei si fa portavoce: teme che lo smarrimento di questi contenuti catechetici, kerygmatici, omiletici, costituisca un *pericolo per tale elementare grandezza dell'uomo*. Ci si può effettivamente domandare se, senza questo messaggio, la Chiesa sarebbe ancora capace di destare eroismo, di generare santi. E non parlo tanto di quelli «grandi», che vengono elevati all'onore degli altari, ma dei santi «quotidiani», secondo l'accezione del termine nella prima letteratura cristiana.

È significativo che il Concilio ci ricordi anche la chiamata universale alla santità nella Chiesa. Questa vocazione è universale, riguarda cioè ogni battezzato, ogni cristiano. È sempre molto personale, collegata con il lavoro, con la professione. È un rendere conto dei talenti, se l'uomo abbia fatto buono o cattivo uso di essi. E sappiamo che le parole del Signore Gesù, rivolte all'uomo che aveva sotterrato il talento, sono molto severe e minacciose (cfr. *Mt* 25,24-30).

Si può dire che, ancora nella recente tradizione catechetica e kerygmatica della Chiesa, dominava proprio un'*escatologia* – potremmo dire – *individuale*, secondo una dimensione, del resto, profondamente radicata nella divina Rivelazione. La prospettiva che il Concilio desidera proporre è quella di un'*escatologia della Chiesa e del mondo*.

Il titolo del capitolo VII della *Lumen gentium*, di cui proponevo la rilettura, rivela proprio questo intento: «Indole escatologica della Chiesa peregrinante». Eccone l'inizio: «La Chiesa, alla quale tutti siamo chiamati in Cristo Gesù e nella quale per mezzo della grazia di Dio acquistiamo la santità, non avrà il suo compimento se non nella gloria del cielo, quando verrà il tempo della restaurazione di tutte le cose (*At* 3,21), e col genere umano anche tutto il mondo, il quale è intimamente congiunto con l'uomo e per mezzo di lui arriva al suo fine, sarà perfettamente restaurato in Cristo ... E invero Cristo, quando fu elevato in alto da terra, attirò tutti a sé (cfr. *Gv* 12,32); risorgendo dai morti (cfr. *Rm* 6,9) immise negli Apostoli il suo Spirito vivificatore, e per mezzo di Lui costituì il suo Corpo, che è la Chiesa, quale universale sacramento della salute; sedendo alla destra del Padre opera continuamente nel mondo per condurre gli uomini alla Chiesa e attraverso di essa congiungerli più strettamente a sé e, col nutrimento del proprio Corpo e del proprio Sangue, renderli partecipi della sua vita gloriosa. Quindi, la promessa restaurazione che aspettiamo è già incominciata con Cristo, è portata innanzi con l'invio dello Spirito Santo e per mezzo di Lui continua nella Chiesa, nella quale siamo dalla fede istruiti anche sul senso della nostra vita temporale, mentre portiamo a termine, nella speranza dei beni futuri, l'opera a noi commessa nel mondo dal Padre, e diamo compimento alla nostra salute (cfr. *Fil* 2,12). Già dunque è arrivata a noi l'ultima fase dei tempi (cfr. *1Cor* 10,11) e la rinnovazione del mondo è irrevocabilmente fissata e in certo modo reale è anticipata in questo mondo: difatti la Chiesa, già sulla terra, è adornata di vera santità, anche se imperfetta. Ma fino a che non vi saranno nuovi cieli e terra nuova, nei quali la giustizia ha la sua dimora (cfr. *2Pt* 3,13), la Chiesa peregrinante, nei suoi sacramenti e nelle sue istituzioni, che appartengono all'età presente, porta la figura fugace di questo mondo, e vive tra le creature, le quali sono in gemito e nel travaglio del parto sino ad ora e sospirano la manifestazione dei figli di Dio (cfr. *Rm* 8,19-22)» (n. 48).

Bisogna ammettere che *questa visione dell'escatologia era solo debolmente presente nella predicazione tradizionale*. E si tratta di una visione originaria, biblica. Tutto il passo conciliare, sopra riportato, in verità è composto di citazioni tratte dal Vangelo, dalle Lettere apostoliche e dagli Atti degli Apostoli. L'escatologia tradizionale, che ruotava intorno ai cosiddetti *Novissimi*, è iscritta dal Concilio in questa essenziale visione biblica. L'escatologia, come ho già rilevato, è *profondamente antropologica*, ma alla luce del Nuovo Testamento è soprattutto centrata su Cristo e sullo Spirito Santo, ed è anche, in un certo senso, *cosmica*.

Ci si può chiedere se l'uomo con la sua vita individuale, la sua responsabilità, il suo destino, con il suo personale futuro escatologico, il suo paradiso o inferno o purgatorio, non finisca per smarrirsi in tale dimensione cosmica. Riconoscendo buone ragioni alla sua domanda, bisogna rispondere onestamente di sì: *l'uomo in una certa misura si è smarrito*, si sono smarriti anche i predicatori, i catechisti, gli educatori e, quindi, hanno perso il coraggio di «minacciare l'inferno». E può darsi che persino chi li ascolta abbia cessato di averne paura.

Di fatto, *l'uomo della presente civiltà è diventato poco sensibile alle «cose ultime»*. Da un lato, a favore di tale insensibilità operano la *secolarizzazione* e il *secolarismo*, con il conseguente atteggiamento consumista, orientato verso il godimento dei beni terreni. Dall'altro lato, hanno contribuito a essa in qualche misura gli *inferni temporali*, procuratici dal secolo che volge al termine. Dopo le esperienze dei campi di concentramento, dei gulag, dei bombardamenti, senza parlare delle catastrofi naturali, può l'uomo attendersi ancora qualcosa di peggio dal mondo, un'ancora maggiore somma di umiliazioni e di disprezzo? In una parola, un inferno?

Così, dunque, *l'escatologia è divenuta, in un certo modo, estranea all'uomo contemporaneo*, specialmente nella nostra civiltà. Questo, tuttavia, non significa che gli sia divenuta completamente estranea la *fede in Dio, come Suprema Giustizia*; l'attesa cioè di Qualcuno che, alla fine, sappia dire la verità sul bene e sul male degli atti umani e sappia premiare il bene e punire il male. Nessun altro, soltanto Lui, saprà farlo. Gli uomini continuano ad avere una simile consapevolezza. Gli orrori del nostro secolo non sono stati in grado di eliminarla: «All'uomo è dato di morire una volta sola, e poi il giudizio» (cfr. *Eb* 9,27).

Questa coscienza costituisce inoltre, in un certo senso, un denominatore comune a tutte le religioni monoteistiche, nonché ad altre. Se il Concilio parla dell'indole escatologica della Chiesa peregrinante, si basa anche su tale consapevolezza. *Dio, che è giusto Giudice*, il Giudice che premia il bene e punisce il male, è di fatto il Dio di Abramo, di Isacco, di Mosè, e pure di Cristo, che è Suo Figlio. Questo Dio è *prima di tutto Amore*. Non soltanto Misericordia, ma Amore. Non soltanto il padre del figliol prodigo, ma il Padre che «dà il suo Figlio perché l'uomo non muoia ma abbia la vita eterna» (cfr. *Gv* 3,16).

Proprio questa verità evangelica su Dio decide di un certo *mutamento della prospettiva escatologica*. Prima di tutto l'escatologia non è ciò che deve ancora avvenire, che avverrà solo dopo la vita terrena. *L'escatologia è già iniziata con la venuta di Cristo*. Evento escatologico fu, innanzitutto, la Sua Morte redentrice e la Sua Risurrezione. Questo è il principio di «un nuovo cielo e una nuova terra» (*Ap* 21,1). Il futuro oltre la tomba di ognuno e di tutti si collega con l'attestazione: «Credo la risurrezione della carne»; e poi: «Credo la remissione dei peccati e la vita eterna». Questa è l'*escatologia cristocentrica*.

In Cristo, Dio ha rivelato al mondo di volere che «tutti gli uomini siano salvati e arrivino alla conoscenza della verità» (*1Tm* 2,4). Questa frase della Prima Lettera a Timoteo ha un'importanza fondamentale per la visione e per l'annuncio delle cose ultime. Se Dio desidera così, se Dio per questa causa dona Suo Figlio, il quale a Sua volta opera nella Chiesa mediante lo Spirito Santo, *può l'uomo essere dannato*, può essere respinto da Dio?

Da sempre il problema dell'inferno ha turbato i grandi pensatori della Chiesa, a partire dagli inizi, da Origene, sino ai nostri tempi, a Michail Bulgakov e Hans Urs von Balthasar. In verità, gli antichi concili avevano respinto la teoria della cosiddetta *apocatàstasi finale*, secondo la quale il mondo sarà rigenerato dopo la distruzione e ogni creatura sarà salva; una teoria che indirettamente aboliva l'inferno. Ma il problema è rimasto. Può Dio, il quale ha tanto amato l'uomo, permettere che costui Lo rifiuti così da dover essere condannato a perenni tormenti? E, tuttavia, le parole di Cristo sono univoche. In Matteo Egli parla chiaramente di coloro che andranno al supplizio eterno (cfr. 25,46). Chi saranno costoro? La Chiesa non si è mai pronunciata in merito. Questo è un mistero, veramente inscrutabile, tra la santità di Dio e la coscienza dell'uomo. Il silenzio della Chiesa è, dunque, l'unica posizione opportuna del cristiano. Anche quando Gesù dice di Giuda, il traditore, «Sarebbe meglio per quell'uomo se non fosse mai nato!» (*Mt* 26,24), la dichiarazione non può essere intesa con sicurezza nel senso dell'eterna dannazione.

Allo stesso tempo, però, c'è qualcosa nella stessa coscienza morale dell'uomo che reagisce davanti alla perdita di una tale prospettiva: il Dio che è Amore non è anche Giustizia definitiva? Può accettare questi terribili crimini, possono essi passare impuniti? La pena definitiva non è in qualche modo necessaria per ottenere l'equilibrio morale nella storia così intricata dell'umanità? Un inferno non è in un certo senso «l'ultima tavola di salvezza» per la coscienza morale dell'uomo?

La Sacra Scrittura conosce anche il concetto di *fuoco purificatore*. La Chiesa orientale lo assunse perché biblico, mentre non accolse la dottrina cattolica sul purgatorio.

Un argomento molto convincente circa il purgatorio mi è stato offerto, al di là della bolla di Benedetto XII nel XIV secolo, dalle *opere mistiche di san Giovanni della Croce*. La «viva fiamma d'amore», di cui egli parla, è prima di tutto una fiamma purificatrice. Le notti mistiche, descritte da questo grande dottore della Chiesa per propria esperienza, sono in un certo senso ciò a cui corrisponde il purgatorio. Dio fa passare l'uomo attraverso un tale purgatorio interiore di tutta la sua natura sensuale e spirituale, per portarlo all'unione con Sé. Non ci troviamo qui di fronte a un semplice tribunale. Ci presentiamo davanti alla potenza dell'Amore stesso.

Innanzitutto è l'Amore a giudicare. Dio, che è Amore, giudica mediante l'amore. È l'Amore a esigere la purificazione, prima che l'uomo maturi per quella unione con Dio che è la sua definitiva vocazione e il suo destino.

Forse questo basta. Molti teologi, in Oriente e in Occidente, anche teologi contemporanei, hanno dedicato i loro studi all'escatologia, ai *Novissimi*. La Chiesa non ha cessato di avere la sua coscienza escatologica. Non ha cessato di condurre gli uomini alla vita eterna. Se dovesse cessare, cesserebbe di essere fedele alla propria vocazione, alla Nuova Alleanza, stretta con lei da Dio in Gesù Cristo.

29
Ma credere, a che serve?

Molti, oggi, formati – o deformati – da una sorta di pragmatismo, di utilitarismo, davanti al riannuncio cristiano sembrano disposti a riconoscerne il fascino, ma finiscono poi per chiedere: «Alla fin fine, "a che serve" credere? Che cosa dà in più la fede? Non è forse possibile vivere una vita onesta, retta, anche senza scomodarsi a prendere sul serio il Vangelo?».

A una simile domanda si potrebbe rispondere molto brevemente: *l'utilità della fede non è commensurabile ad alcun bene, neppure ai beni di natura morale.* La Chiesa non ha mai negato che anche un uomo non credente possa compiere azioni oneste e nobili. Ognuno, del resto, facilmente se ne convince. Il valore della fede non si può spiegare soltanto con l'utilità per la morale umana, benché la stessa fede porti con sé la più profonda motivazione della morale. Per tale ragione molto spesso facciamo riferimento alla fede come argomento. Anch'io ho fatto ciò nella *Veritatis splendor*, sottolineando l'importanza morale della risposta di Cristo – «osserva i comandamenti...» (*Mt* 19,17) – alla domanda del giovane sul corretto uso del dono della libertà. Nonostante ciò si può dire che *la fondamentale utilità della fede sta nel fatto stesso di aver creduto e di essersi affidati.* Maria è, nel momento dell'Annunciazione, irraggiungibile esempio e meraviglioso modello di un tale atteggiamento; ciò ha trovato la sua straordinaria espressione nella poesia di Rainer Maria Rilke, *Verkündigung* (Annunciazione), inserita nel suo celebre ciclo lirico *Das Marienleben* (La vita di Maria). Credendo e affidandoci, infatti, noi diamo una risposta alla parola di Dio: essa non cade nel vuoto, ritorna con un suo frutto a Colui che l'aveva pronunciata, come è detto in modo così efficace nel libro del profeta Isaia (cfr. 55,11). Tuttavia Dio non vuole assolutamente costringerci a una simile risposta.

Sotto tale aspetto, il magistero dell'ultimo Concilio e, nel suo ambito, specialmente la Dichiarazione sulla libertà religiosa *Dignitatis humanae* hanno una particolare importanza. Varrebbe la pena riportare la dichiarazione per intero e analizzarla. Forse però basterà citarne alcune frasi: «E tutti gli esseri umani» leggiamo «sono tenuti a cercare la verità, specialmente in ordine a Dio e alla sua Chiesa, e sono tenuti ad aderire alla verità man mano che la conoscono e a renderle omaggio» (n. 1).

Ciò che il Concilio sottolinea qui è, prima di tutto, la *dignità dell'uomo*. Il testo continua, dunque, così: «A motivo della loro dignità tutti gli esseri umani, in quanto sono persone, dotate cioè di ragione e di libera volontà e perciò investite di personale responsabilità, sono dalla loro stessa natura e per obbligo morale tenuti a cercare la verità, in primo luogo quella concernente la religione. E sono pure tenuti ad aderire alla verità una volta conosciuta e ad ordinare tutta la loro vita secondo le sue esigenze» (n. 2). «La verità, però, va cercata in modo rispondente alla dignità della persona umana e alla sua natura sociale: e cioè con una ricerca condotta liberamente, con l'aiuto dell'insegnamento o dell'educazione, per mezzo della comunicazione e del dialogo» (n. 3).

Come si vede, *il Concilio tratta la libertà umana con tutta serietà* e si richiama anche all'imperativo interiore della coscienza per dimostrare che la risposta, data dall'uomo a Dio e alla Sua parola mediante la fede, è strettamente connessa alla sua dignità personale. *L'uomo non può essere costretto all'accettazione della verità.* A essa è spinto soltanto dalla sua natura, cioè dalla sua stessa libertà, che lo impegna a cercarla sinceramente e, quando la trova, ad aderirvi sia con la convinzione sia con il comportamento.

Questo è da sempre l'insegnamento della Chiesa; ma, ancor prima, è l'insegnamento che Cristo medesimo ha confermato con il Suo agire. Da tale angolo di visuale bisogna rileggere la seconda parte della *Dignitatis humanae*. Lì forse si trova anche la risposta alla sua domanda.

Una risposta, del resto, che riecheggia l'insegnamento dei Padri e la tradizione dei teologi, da san Tommaso d'Aquino a John H. Newman. Il Concilio non fa che ribadire quella che è stata la costante convinzione della Chiesa. È nota infatti la posizione di san Tommaso: egli è così coerente in questa linea di rispetto della coscienza, da ritenere illecito l'atto di fede in Cristo posto da chi, per assurdo, fosse convinto in coscienza di far male a compierlo (cfr. *Summa Theologiae*, I-II, q.19, a.5). Se l'uomo avverte dalla propria coscienza un richiamo, quand'anche erroneo, che tuttavia gli pare incontrovertibile, deve sempre e comunque ascoltarlo. Ciò che non gli è lecito è di indulgere colpevolmente all'errore, senza cercare di giungere alla verità.

Se Newman pone la coscienza al di sopra dell'autorità, non proclama nulla di nuovo rispetto al permanente magistero della Chiesa. La *coscienza*, come insegna il Concilio, «è il nucleo più segreto e il sacrario dell'uomo, dove egli si trova solo con Dio, la cui voce risuona nell'intimità propria. ... Nella fedeltà alla coscienza i cristiani si uniscono agli altri uomini per cercare la verità e per risolvere secondo verità tanti problemi morali, che sorgono tanto nella vita dei singoli quanto in quella sociale. Quanto più, dunque, prevale la coscienza retta, tanto più le persone e i gruppi sociali si allontanano dal cieco arbitrio e si sforzano di conformarsi alle norme oggettive della moralità. Tuttavia succede non di rado che la coscienza sia erronea per ignoranza invincibile, senza che per questo essa perda la sua dignità. Ma ciò non si può dire quando l'uomo poco si cura di cercare la verità e il bene, e quando la coscienza diventa quasi cieca in seguito all'abitudine del peccato» (*GS* n. 16).

È difficile non rilevare la profonda coerenza interna di questa Dichiarazione conciliare sulla libertà religiosa. Alla luce del suo insegnamento possiamo dunque dire che *l'essenziale utilità della fede consiste nel fatto che, tramite essa, l'uomo realizza il bene della sua natura razionale.* E lo realizza dando la sua risposta a Dio, come è suo dovere. Un dovere non solo verso Dio, ma anche verso se stesso.

Cristo ha fatto di tutto per convincerci dell'importanza di questa risposta, che l'uomo è chiamato a dare in condizioni di interiore libertà, affinché in essa rifulga quel *veritatis splendor* così essenziale alla dignità umana. Egli ha impegnato la Chiesa ad agire nello stesso modo: perciò sono così comuni nella sua storia le proteste contro tutti coloro che hanno tentato di costringere alla fede «convertendo con la spada». A tale proposito bisogna ricordare che la Scuola cattolica spagnola di Salamanca prese una posizione nettamente contraria nei riguardi delle violenze commesse sugli indigeni d'America, gli *indios*, sotto il pretesto di convertirli al cristianesimo. E che, prima ancora, nel medesimo spirito si era pronunciata l'Accademia di Cracovia al Concilio di Costanza nel 1414, condannando le violenze perpetrate sui popoli baltici con lo stesso pretesto.

Cristo certamente desidera la fede. La desidera *dall'uomo* e la desidera *per l'uomo*. Alle persone che cercavano da Lui un miracolo soleva rispondere: «La tua fede ti ha salvato» (cfr. *Mc* 10,52). Il caso della donna cananea è particolarmente toccante. Sembra dapprima che Gesù non voglia udire la sua richiesta d'aiuto per la figlia, quasi a voler provocare quella commovente confessione: «ma anche i cagnolini si cibano delle briciole che cadono dalla tavola dei loro padroni» (*Mt* 15,27). Egli mette alla prova quella donna straniera per poter dire dopo: «Grande è la tua fede! Ti sia fatto come desideri» (*Mt* 15,28).

Gesù vuole destare negli uomini la fede, desidera che essi rispondano alla parola del Padre, ma lo vuole rispettando sempre la dignità dell'uomo, poiché nella ricerca stessa della fede è già presente una forma di fede, quella implicita, e perciò è già soddisfatta la condizione necessaria per la salvezza.

In quest'ottica, la sua domanda pare trovare un'esauriente risposta nell'enunciato della Costituzione conciliare sulla Chiesa, la *Lumen gentium*, che merita di essere ancora una volta riletto: «Infatti, quelli che senza colpa ignorano il Vangelo di Cristo e la sua Chiesa, e che tuttavia cercano sinceramente Dio, e coll'aiuto della grazia si sforzano di compiere con le opere la volontà di Lui, conosciuta attraverso il dettame della coscienza, possono conseguire la salute eterna. Né la divina Provvidenza nega gli aiuti necessari alla salvezza a coloro che non sono ancora arrivati alla chiara cognizione e riconoscimento di Dio, e si sforzano, non senza la grazia divina, di raggiungere la vita retta» (n. 16).

Nella sua domanda si tratta di «una vita onesta, retta, anche senza il Vangelo». Risponderei che, se una vita è veramente retta, è perché il Vangelo, non conosciuto o rifiutato a livello conscio, in realtà già sviluppa la sua azione nel profondo della persona che ricerca con onesto impegno la verità ed è disposta ad accettarla, appena la conosca. Proprio una tale disponibilità, infatti, è manifestazione della grazia che opera nell'anima. Lo Spirito soffia dove vuole e come vuole (cfr. *Gv* 3,8). *La libertà dello Spirito incontra la libertà dell'uomo e la conferma fino in fondo.*

Questa precisazione era necessaria per evitare ogni rischio di *interpretazione pelagiana*. Tale rischio esisteva già ai tempi di sant'Agostino, e sembra farsi sentire nuovamente nella nostra epoca. Pelagio sosteneva che, anche senza la grazia divina, l'uomo può condurre una vita onesta e felice: la grazia divina non gli sarebbe, dunque, necessaria. La verità è, invece, che l'uomo è realmente chiamato alla salvezza; che la vita onesta è la condizione di tale salvezza; e che la salvezza non può essere raggiunta senza l'apporto della grazia.

In definitiva, soltanto Dio può salvare l'uomo, attendendo la sua collaborazione. Il fatto che l'uomo possa collaborare con Dio è ciò che decide della sua autentica grandezza. La verità secondo la quale l'uomo è chiamato a questa collaborazione a motivo del fine ultimo della sua vita, cioè la salvezza e la divinizzazione, ha trovato espressione nella tradizione orientale sotto la forma del cosiddetto *sinergismo*. L'uomo «crea» con Dio il mondo, *l'uomo «crea» con Dio la sua personale salvezza*. La divinizzazione dell'uomo proviene da Dio. Ma anche qui l'uomo deve collaborare con Dio.

30
Un Vangelo per diventare uomo

Ancora una volta Ella ha fatto riferimento alla dignità dell'uomo: assieme ai diritti umani, che ne sono la conseguenza, è questo uno dei temi centrali, sempre ricorrente, del Suo insegnamento. Ma che cos'è davvero, per il Santo Padre, la dignità dell'uomo? Che cosa sono, per lui, gli autentici diritti umani? Concessioni dei governi, degli stati? O qualcosa di diverso, di più profondo?

In un certo senso ho già risposto a ciò che costituisce il problema centrale della sua domanda: «In che cosa consiste la dignità dell'uomo? Che cosa sono i diritti dell'uomo?». È evidente che questi diritti sono stati inscritti dal Creatore nell'ordine della creazione; che qui non si può parlare di concessioni da parte delle istituzioni umane, da parte degli stati e delle organizzazioni internazionali. Tali istituzioni esprimono soltanto ciò che Dio stesso ha inscritto nell'ordine da Lui creato, ciò che Egli stesso ha inscritto nella coscienza morale, o nel cuore dell'uomo, come spiega san Paolo nella Lettera ai Romani (cfr. 2,15).

Il Vangelo è la conferma più piena di tutti i diritti dell'uomo. Senza di esso ci si può molto facilmente ritrovare lontani dalla verità sull'uomo. Il Vangelo, infatti, conferma la regola divina che regge l'ordine morale dell'universo, la conferma in modo particolare mediante la stessa Incarnazione. Chi è l'uomo, se il Verbo assume la natura umana? Chi deve essere quest'uomo, se il Figlio di Dio paga il prezzo supremo per la sua dignità? Ogni anno la liturgia della Chiesa esprime profondo stupore davanti a questa verità e a questo mistero, sia nel periodo di Natale sia durante la Veglia pasquale, con le antiche parole che già una volta, qui, ho ricordato: «*O felix culpa, quae talem ac tantum meruit habere Redemptorem*» (O colpa felice, che ci fece meritare un tale e tanto grande Redentore!; *Exsultet*). *Il Redentore conferma i diritti dell'uomo* semplicemente per riportarlo alla pienezza della dignità ricevuta quando Dio lo ha creato a Sua immagine e somiglianza.

Dal momento che lei ha toccato questo problema, mi consenta di valermi della sua domanda per ricordare in quale modo esso venne a porsi gradualmente *al centro dei miei interessi, anche personali.* In un certo senso fu per me una grande sorpresa constatare che l'interesse per l'uomo e per la sua dignità era diventato, nonostante le previsioni contrarie, il tema principale della *polemica con il marxismo*, e ciò perché i marxisti stessi avevano posto al centro di essa la questione dell'uomo.

Quando, dopo la guerra, essi presero il potere in Polonia e cominciarono a controllare l'insegnamento universitario, ci si sarebbe potuti aspettare che all'inizio il programma del materialismo dialettico si esprimesse, prima di tutto, attraverso la *filosofia della natura.* Va detto che la Chiesa in Polonia era preparata anche a questo. Ricordo quale conforto per gli intellettuali cattolici rappresentarono, negli anni del dopoguerra, le pubblicazioni del reverendo Kazimierz Kłósak, esimio professore della facoltà di Teologia di Cracovia, conosciuto per la straordinaria erudizione. Nei suoi dotti scritti la filosofia della natura marxista si doveva confrontare con un approccio innovativo che permetteva di scoprire nel mondo il Logos, cioè il Pensiero creatore e l'ordine. Così Kłósak si inseriva nella tradizione filosofica che, dai pensatori greci, attraverso le *quinque viae* di Tommaso, è giunta sino a scienziati di oggi come Alfred North Whitehead.

Il mondo visibile, di per sé, non può offrire una base scientifica per una sua interpretazione ateistica, anzi la riflessione onesta trova in esso elementi sufficienti per giungere alla conoscenza di Dio. In questo senso l'interpretazione ateistica è unilaterale e tendenziosa.

Ricordo ancora quelle discussioni. Partecipai anche a numerosi incontri con scienziati, in particolare con fisici, i quali, dopo Einstein, si sono notevolmente aperti a un'interpretazione teistica del mondo.

Ma, stranamente, questo tipo di controversia con il marxismo si dimostrò di breve durata. Presto risultò che l'uomo, e proprio lui, con la sua morale, era il *problema centrale della discussione*. La filosofia della natura venne, per così dire, messa da parte. Nel tentativo di apologia dell'ateismo, divenne dominante non tanto l'interpretazione cosmologica, quanto l'argomentazione etica. Quando scrissi il saggio *Persona e atto*, i primi che lo notarono, ovviamente per contestarlo, furono i marxisti: nella loro polemica con la religione e con la Chiesa costituiva, infatti, un elemento di disturbo.

Ma, giunto a questo punto, devo dirle che la mia attenzione alla persona e all'atto non è affatto nata sul terreno della polemica con il marxismo o, almeno, non è nata in funzione di tale polemica. *L'interesse per l'uomo come persona era presente in me da lunga data*. Forse dipendeva anche dal fatto che non avevo mai avuto una particolare predilezione per le scienze naturali. Mi ha sempre appassionato di più l'uomo: mentre studiavo alla facoltà di Lettere, mi interessava in quanto artefice della lingua e oggetto della letteratura; in seguito, quando scoprii la vocazione sacerdotale, cominciai a occuparmene come *tema centrale dell'attività pastorale*.

Eravamo ormai nel dopoguerra, e la polemica con il marxismo era in pieno svolgimento. In quegli anni, la cosa più importante per me erano diventati i giovani, che mi ponevano non tanto domande sull'esistenza di Dio, ma *precisi quesiti su come vivere*, cioè sul modo di affrontare e risolvere i problemi dell'amore e del matrimonio, nonché quelli legati al mondo del lavoro. Le ho già confidato come quei giovani del periodo successivo all'occupazione tedesca siano rimasti profondamente impressi nella mia memoria: con i loro dubbi e con le loro domande, hanno in un certo senso indicato la via anche a me. Dai nostri contatti, dalla partecipazione ai problemi della loro vita nacque uno studio, il cui contenuto sintetizzai nel titolo *Amore e responsabilità*.

Il saggio sulla persona e sull'atto venne in seguito, ma anch'esso nacque dalla medesima fonte. Era in qualche modo inevitabile che arrivassi a questo tema, dal momento che avevo sconfinato nel campo degli interrogativi sull'esistenza umana; e non soltanto dell'uomo dei nostri tempi, ma dell'uomo di ogni tempo. La domanda sul bene e sul male non abbandona mai l'uomo, come testimonia il giovane del Vangelo che chiede a Gesù: «Che cosa devo fare per avere la vita eterna?» (*Mc* 10,17).

Dunque, la genealogia dei miei studi incentrati sull'uomo, sulla persona umana, è prima di tutto *pastorale*. Ed è proprio da un'angolatura pastorale che, in *Amore e responsabilità*, ho formulato il concetto di *norma personalistica*. Tale norma è il tentativo di tradurre il comandamento dell'amore nel linguaggio dell'etica filosofica. *La persona è un essere per il quale l'unica dimensione adatta è l'amore.* Siamo giusti nei riguardi di una persona se l'amiamo: questo vale per Dio come per gli uomini. L'amore per una persona *esclude che si possa trattarla come un oggetto di godimento.* È norma presente già nell'etica kantiana e costituisce il contenuto del cosiddetto secondo imperativo. Ciononostante, questo imperativo ha carattere negativo e non esaurisce l'intero contenuto del comandamento dell'amore. Se Kant sottolinea così fortemente che la persona non può essere trattata come oggetto di godimento, lo fa per contrapporsi all'utilitarismo anglosassone e, da tale punto di vista, può aver raggiunto il suo scopo. Kant, tuttavia, non ha pienamente interpretato il comandamento dell'amore. Esso, infatti, non si limita a escludere ogni comportamento che riduca la persona a mero oggetto di godimento, ma esige di più: esige *l'affermazione della persona per se stessa.*

La vera interpretazione personalistica del comandamento dell'amore si trova nelle parole del Concilio: «il Signore Gesù quando prega il Padre, perché "tutti siano una cosa sola, come io e te siamo una cosa sola" (*Gv* 17,21-22), mettendoci davanti orizzonti impervi alla ragione umana, ci ha suggerito una certa similitudine tra l'unione delle persone divine e l'unione dei figli di Dio nella verità e nella carità. Questa similitudine manifesta come l'uomo, il quale in terra è la sola creatura che Iddio abbia voluto per se stessa, non possa ritrovarsi pienamente se non attraverso un dono sincero di sé» (*GS* n. 24).

Ecco, questa può dirsi veramente un'interpretazione adeguata del comandamento dell'amore. Innanzitutto, viene formulato con chiarezza *il principio dell'affermazione della persona per il semplice fatto che è una persona*: essa, è detto, «è la sola creatura in terra che Iddio abbia voluto per se stessa». Contemporaneamente il testo conciliare sottolinea che la cosa più essenziale dell'amore è il «dono sincero di sé». In tal senso *la persona si realizza mediante l'amore.*

Così, dunque, questi *due aspetti* – l'affermazione della persona per se stessa e il dono sincero di sé – non soltanto non si escludono a vicenda, ma anzi si confermano e si integrano reciprocamente. *L'uomo afferma se stesso nel modo più completo donandosi.* Ecco la piena realizzazione del comandamento dell'amore. Questa è anche la piena verità sull'uomo, una verità che Cristo ci ha insegnato con la Sua vita e che la tradizione della morale cristiana, non meno che la tradizione dei santi e di tanti eroi dell'amore per il prossimo, ha accolto e testimoniato nel corso della storia.

Se priviamo la *libertà umana* di tale prospettiva, se l'uomo non s'impegna a diventare un dono per gli altri, allora questa libertà può rivelarsi pericolosa. Diverrà libertà di fare ciò che io stesso ritengo buono, ciò che mi porta un profitto o un piacere, magari un piacere sublimato. *Se non si accetta la prospettiva del dono di se stessi, sussisterà sempre il pericolo di una libertà egoistica.* Pericolo contro cui ha lottato Kant; e, su questa linea, si sono schierati pure Max Scheler e quanti, dopo di lui, ne hanno condiviso l'etica dei valori. Ma una completa espressione di ciò la troviamo semplicemente nel Vangelo. Proprio per questo *nel Vangelo è anche contenuta una coerente dichiarazione di tutti i diritti dell'uomo,* persino di quelli che per vari motivi possono essere scomodi.

31
La difesa di ogni vita

Tra i diritti «scomodi» cui accenna, sta, in primissimo piano, il diritto alla vita; sta il dovere della sua difesa sin dal concepimento. Anche questo è un tema sempre ricorrente – e con toni drammatici – nel Suo magistero. Questa continua denuncia di ogni legalizzazione dell'aborto è stata definita addirittura «ossessiva» da parte di certi schieramenti politico-culturali. Sono quelli che sostengono che le «ragioni umanitarie» starebbero dalla loro parte; da quella, cioè, che ha condotto i parlamenti a leggi permissive sull'interruzione della gravidanza.

Il diritto alla vita è, per l'uomo, il *diritto fondamentale*. Eppure, una certa cultura contemporanea ha voluto negarlo, trasformandolo in un diritto «scomodo», da difendere. Ma non ce n'è nessun altro che tocchi più da vicino l'esistenza stessa della persona! Diritto alla vita significa diritto a venire alla luce e, poi, a perseverare nell'esistenza fino al suo naturale estinguersi: «Finché vivo ho diritto di vivere».

La questione del bambino concepito e non nato è un problema particolarmente delicato, eppure chiaro. La *legalizzazione dell'interruzione di gravidanza* non è nient'altro che l'autorizzazione data all'uomo adulto, con l'avallo della legge istituita, a privare della vita l'uomo non nato e, perciò, incapace di difendersi. È difficile pensare a una situazione più ingiusta, ed è *davvero difficile parlare qui di «ossessione»*, dal momento che entra in gioco un fondamentale imperativo di ogni coscienza retta: la difesa, cioè, del diritto alla vita di un essere umano innocente e inerme.

Spesso la questione viene presentata come diritto della donna a una *libera scelta* nei riguardi della vita che già esiste in lei, che già porta nel grembo: la donna dovrebbe avere il diritto di scegliere tra il dare la vita e il togliere la vita al bambino concepito. Ciascuno può vedere che questa è un'*alternativa solo apparente. Non si può parlare di diritto di scelta quando è in questione un chiaro male morale,* quando si tratta semplicemente del comandamento: «*Non uccidere!*».

Questo comandamento prevede forse qualche *eccezione*? La risposta di per sé è «no»; giacché persino l'ipotesi della *legittima difesa*, che non riguarda mai un innocente ma sempre e solo un aggressore ingiusto, deve rispettare il principio che i moralisti qualificano come *principium inculpatae tutelae* (principio di una difesa irreprensibile): per essere legittima, quella «difesa» deve essere attuata in modo che arrechi il minor danno e, se possibile, risparmi la vita all'aggressore.

Il caso di un bambino non nato non rientra in tale situazione. *Un bambino concepito nel seno della madre non è mai un aggressore ingiusto*, è un essere indifeso che attende di essere accolto e aiutato.

È doveroso riconoscere che, in questo campo, siamo testimoni di vere tragedie umane. Molte volte *la donna è vittima dell'egoismo maschile*, nel senso che l'uomo, il quale ha contribuito al concepimento della nuova vita, non vuole poi farsene carico e ne riversa la responsabilità sulla donna, come se lei fosse la sola «colpevole». Così, proprio quando la donna ha il massimo bisogno del sostegno dell'uomo, questi si dimostra un cinico egoista, capace di sfruttarne l'affetto o la debolezza, ma refrattario a ogni senso di responsabilità per il proprio atto. Sono problemi che ben conoscono non solo i confessionali, ma anche i tribunali di tutto il mondo e, oggi sempre più, anche i tribunali dei minori.

Dunque, *respingendo fermamente la formula «pro choice» (per la scelta), occorre schierarsi con coraggio per la formula «pro woman» (per la donna), cioè per una scelta che sia veramente a favore della donna*. È proprio lei, infatti, a pagare il più alto prezzo non soltanto per la sua maternità, ma ancor più per la distruzione di essa, cioè per la soppressione della vita del bambino concepito. L'unico atteggiamento onesto, in questo caso, *è quello della radicale solidarietà con la donna*. Non è lecito lasciarla sola. Le esperienze di vari consultori dimostrano che la donna non vuole sopprimere la vita del bambino che porta in sé. Se viene confortata in questo atteggiamento, e se contemporaneamente viene liberata dall'intimidazione dell'ambiente circostante, allora è capace persino di eroismo. Lo testimoniano, dicevo, numerosi consultori, e soprattutto le case per ragazze madri. Sembra, quindi, che la mentalità della società cominci a maturare nella giusta direzione, anche se sono ancora numerosi quei sedicenti «benefattori» che pretenderebbero di aiutare la donna liberandola dalla prospettiva della maternità.

Ci troviamo qui a un passaggio, per così dire, *nevralgico*, sia dal punto di vista dei diritti dell'uomo, sia da quello della morale o della pastorale. Tutti questi aspetti sono strettamente uniti tra loro. *Li ho trovati sempre insieme anche nella mia vita e nel mio ministero* di sacerdote, di vescovo diocesano e poi di Successore di Pietro, con l'ambito di responsabilità che ne consegue.

Perciò, devo ripetere che *respingo categoricamente ogni accusa o sospetto riguardante una presunta «ossessione» del Papa in questo campo*. Si tratta di un problema di enorme portata, nel quale tutti dobbiamo dimostrare la massima responsabilità e vigilanza. *Non possiamo permetterci forme di permissivismo*, che porterebbero direttamente al conculcamento dei diritti dell'uomo, e anche all'annientamento di valori fondamentali non soltanto per la vita delle singole persone o delle famiglie, ma per la stessa società. Non è forse una triste verità ciò a cui s'allude con la forte espressione: *civiltà della morte?*

Ovviamente, il contrario della civiltà della morte non è e non può essere il programma della moltiplicazione irresponsabile della popolazione sul globo terrestre. *Occorre prendere in considerazione l'indice demografico.* E la via giusta è ciò che la Chiesa chiama *paternità e maternità responsabili.* I consultori familiari della Chiesa lo insegnano. *La paternità e maternità responsabili sono il postulato dell'amore per l'uomo, e sono anche il postulato di un autentico amore coniugale,* perché l'amore non può essere irresponsabile. La sua bellezza è contenuta proprio nella responsabilità. Quando l'amore è veramente responsabile è anche veramente libero.

Proprio questo è l'insegnamento che appresi dall'Enciclica *Humanae vitae* del mio venerato predecessore Paolo VI e che, prima ancora, avevo imparato *dai miei giovani interlocutori, coniugi e futuri coniugi,* mentre scrivevo *Amore e responsabilità.* Come ho detto, essi stessi furono i miei educatori in tale campo. Proprio loro, uomini e donne, davano un creativo contributo alla pastorale delle famiglie, alla pastorale della paternità e maternità responsabili, all'avviamento di consultori che ebbero poi un ottimo sviluppo. La principale attività di questi centri, il loro impegno primario era, ed è, indirizzato all'amore umano: in essi si viveva e si vive la *responsabilità per l'amore umano.*

L'auspicio è che *tale responsabilità non manchi mai in nessun luogo e in nessuna persona;* che essa non manchi né ai legislatori, né agli educatori, né ai pastori. A quante persone poco conosciute desidererei rendere qui omaggio ed esprimere la più profonda gratitudine per l'impegno generoso e la dedizione senza risparmio! Nel loro comportamento è riscontrabile la conferma della cristiana e personalistica verità sull'uomo, il quale si realizza nella misura in cui sa farsi dono gratuito per gli altri.

Dai consultori bisogna tornare agli *atenei.* Ho in mente le scuole che conosco e quelle alla cui istituzione ho contribuito. Ho in mente in modo particolare la cattedra di Etica all'*Università cattolica di Lublino,* come pure l'istituto sorto lì, dopo la mia partenza, sotto la direzione dei miei più stretti collaboratori e discepoli. Ho in mente il reverendo professor Tadeusz Styczeń e il reverendo professor Andrzej Szostek. La persona non è soltanto una meravigliosa teoria: essa si trova contemporaneamente al centro dell'*ethos* umano.

Qui a Roma, poi, non posso fare a meno di ricordare l'analogo istituto creato all'*Università Lateranense*. Esso ha già dato avvio a iniziative simili negli Stati Uniti, in Messico, in Cile e in altri paesi. Il modo più valido per servire la verità della paternità e maternità responsabili sta proprio nel mostrarne le basi etiche e antropologiche. In nessun altro campo quanto in questo è tanto indispensabile la collaborazione tra pastori, biologi e medici.

Non posso qui soffermarmi sui *pensatori contemporanei*, ma un nome almeno devo farlo: è quello di Emmanuel Lévinas, rappresentante di una particolare corrente del *personalismo* contemporaneo e della *filosofia del dialogo*. Analogamente a Martin Buber e a Franz Rosenzweig, egli esprime la tradizione personalistica dell'Antico Testamento, dove così fortemente si accentua il rapporto tra l'«io» umano e il divino, assolutamente sovrano «Tu».

Dio, che è il supremo Legislatore, ha enunciato con grande vigore sul Sinai il comandamento «Non uccidere», come un imperativo morale di carattere assoluto. Lévinas, che come i suoi correligionari ha vissuto profondamente il dramma dell'olocausto, offre di questo fondamentale comandamento del decalogo una singolare formulazione: per lui, la persona si manifesta attraverso il volto. La *filosofia del volto* è anche un motivo dell'Antico Testamento, dei Salmi e degli scritti dei profeti, dove spesso si parla della «ricerca del volto di Dio» (cfr. per esempio *Sal* 26(27),8). Attraverso il volto parla l'uomo, parla in particolare ogni uomo che ha subìto un torto, parla e pronuncia proprio le parole «Non mi uccidere!». *Il volto umano e il comandamento «Non uccidere» si coniugano in Lévinas in modo geniale, divenendo allo stesso tempo una testimonianza della nostra epoca*, nella quale anche parlamenti – parlamenti democraticamente eletti – decretano uccisioni con tanta facilità.

Su un tema così doloroso forse è meglio non dire altro che questo.

32
Totus Tuus

In una prospettiva cristiana, parlare di maternità porta spontaneamente a parlare della Madre per eccellenza, quella di Gesù. Totus Tuus, *Tutto di Maria*, è il motto scelto per il Suo pontificato. Il rilancio della teologia e della devozione mariane – in fedele continuità, del resto, con l'ininterrotta tradizione cattolica – è un altro carattere distintivo dell'insegnamento e dell'azione di Giovanni Paolo II.

Fra l'altro, oggi si moltiplicano voci e notizie di misteriose apparizioni e messaggi della Vergine; folle di pellegrini si rimettono in cammino, come in altri secoli. Che può dirci, Santità, in proposito?

Totus Tuus. Questa formula non ha soltanto un carattere pietistico, non è una semplice espressione di devozione: è qualcosa di più. L'orientamento verso una tale devozione si è affermato in me nel periodo in cui, durante la seconda guerra mondiale, lavoravo come operaio in fabbrica. In un primo tempo mi era sembrato di dovermi allontanare un po' dalla devozione mariana dell'infanzia, in favore del cristocentrismo. Grazie a san Luigi Grignion de Montfort compresi che la vera *devozione alla Madre di Dio è invece proprio cristocentrica, anzi è profondissimamente radicata nel Mistero trinitario di Dio,* e nei misteri dell'Incarnazione e della Redenzione.

Così, dunque, riscoprii con consapevolezza nuova la pietà mariana e questa forma matura di devozione alla Madre di Dio mi ha seguito negli anni: suoi frutti sono la *Redemptoris Mater* e la *Mulieris dignitatem.*

Riguardo alla devozione mariana, ciascuno di noi deve aver chiaro che non si tratta soltanto di un bisogno del cuore, di un'inclinazione sentimentale, ma che corrisponde anche alla verità oggettiva sulla Madre di Dio. Maria è la nuova Eva, che Dio pone di fronte al nuovo Adamo-Cristo, cominciando dall'Annunciazione, attraverso la notte della nascita a Betlemme, il convito nuziale a Cana di Galilea, la croce sul Golgota, fino al cenacolo della Pentecoste: la Madre di Cristo Redentore è Madre della Chiesa.

Il Concilio Vaticano II compie un passo da gigante tanto nella dottrina quanto nella devozione mariane. Non è possibile riportare ora tutto il meraviglioso capitolo VIII della *Lumen gentium*, ma bisognerebbe farlo. Quando partecipai al Concilio, *mi riconobbi pienamente in questo capitolo*, dove ritrovai tutte le mie esperienze precedenti sin dagli anni dell'adolescenza e anche quel particolare legame che mi unisce alla Madre di Dio in forme sempre nuove.

La *prima forma*, la più antica, è legata alle soste durante l'infanzia davanti all'immagine della Madonna del Perpetuo Soccorso nella chiesa parrocchiale di Wadowice, è legata alla tradizione dello scapolare carmelitano, particolarmente eloquente e ricca di simbolismo, che conobbi sin dalla giovinezza per il tramite del convento dei carmelitani «sopra la collina» nella mia città natale.

È legata, inoltre, alla *tradizione dei pellegrinaggi al santuario di Kalwaria Zebrzydowska*, uno di quei luoghi che attraggono moltitudini di pellegrini, specialmente dal sud della Polonia e da oltre i Carpazi. Questo santuario regionale ha una sua peculiarità, quella di essere non soltanto mariano, ma anche profondamente cristocentrico. E i pellegrini che giungono là, durante il loro soggiorno presso il santuario di Kalwaria, praticano prima di tutto i «sentieri», che sono una Via Crucis, in cui l'uomo ritrova il proprio posto accanto a Cristo per mezzo di Maria. La Crocifissione è anche il punto topograficamente più alto, che domina tutti i dintorni del santuario. La solenne processione mariana, che vi si svolge prima della festa dell'Assunzione, non è che l'espressione della fede del popolo cristiano nella particolare partecipazione della Madre di Dio alla Risurrezione e alla gloria del proprio Figlio.

Sin dai primissimi anni, la devozione mariana in me era connessa strettamente alla dimensione cristologica. In questa direzione mi educava proprio il santuario di Kalwaria.

Un capitolo a parte è *Jasna Góra*, con la sua icona della Madonna Nera. La Vergine di Jasna Góra è da secoli venerata come Regina della Polonia. Questo è il santuario di tutta la nazione. Dalla sua Signora e Regina, la nazione polacca ha cercato per secoli, e continua a cercare, sostegno e forza per la rinascita spirituale. Jasna Góra è il luogo di una particolare evangelizzazione. I grandi eventi nella vita della Polonia sono sempre in qualche modo legati a questo luogo: sia la storia antica della mia nazione sia quella contemporanea trovano il punto della loro più intensa concentrazione proprio là, sulla collina di Jasna Góra.

Quanto ho detto, penso spieghi sufficientemente la devozione mariana dell'attuale Papa e, soprattutto, il suo atteggiamento di totale *abbandono a Maria,* quel *Totus Tuus.*

Riguardo, poi, a quelle «apparizioni», a quei «messaggi» cui accennava, mi propongo di dirne qualcosa più avanti, in questa nostra conversazione.

33
Donne

Nella Lettera apostolica dal titolo significativo di Mulieris dignitatem *(La dignità della donna), Ella ha fra l'altro mostrato come il culto cattolico per una donna, Maria, non sia affatto irrilevante anche nei confronti dell'attuale questione femminile.*

Sulla scia delle osservazioni precedenti, vorrei in effetti richiamare ancora l'attenzione su un aspetto del culto mariano. Tale culto non è solo una forma di devozione o di pietà, ma anche un *atteggiamento. Un atteggiamento nei riguardi della donna come tale.*

Se il nostro secolo è, nelle società liberali, caratterizzato da un crescente *femminismo,* si può supporre che questo orientamento sia *una reazione alla mancanza del rispetto dovuto a ogni donna.* Tutto ciò che scrissi sul tema, nella *Mulieris dignitatem,* lo portavo in me sin da molto giovane, in un certo senso dall'infanzia. Forse influì su di me anche il clima dell'epoca in cui venni educato, caratterizzato da grande rispetto e considerazione per la donna, specialmente per la donna-madre.

Penso che un certo *femminismo contemporaneo* trovi le sue radici proprio qui, nell'assenza di vero rispetto per la donna. La verità rivelata sulla donna è un'altra. Il rispetto per la donna, lo stupore per il mistero della femminilità, infine l'amore sponsale di Dio stesso e di Cristo quale si esprime nella redenzione, sono tutti elementi della fede e della vita della Chiesa che non sono mai stati completamente assenti. Lo testimonia una ricca tradizione di usi e costumi che, purtroppo, oggi è sottoposta a un preoccupante degrado. Nella nostra civiltà la donna è divenuta prima di tutto oggetto di godimento.

Molto significativo è, invece, che all'interno di questa

realtà stia rinascendo l'autentica *teologia della donna*. Viene riscoperta la sua bellezza spirituale, il suo particolare genio; stanno ridefinendosi le basi per il consolidamento della sua posizione nella vita non soltanto familiare, ma anche sociale e culturale.

E, a tale proposito, dobbiamo tornare alla figura di Maria. La figura di Maria e la devozione verso di lei, vissuta in tutta la sua pienezza, diventano così una grande e creativa ispirazione su questa via.

34
Per non avere paura

Come ha voluto ricordare anche durante questa nostra conversazione, non fu casuale se il Suo pontificato iniziò con un grido che ebbe ed ha tuttora nel mondo echi profondi: «Non abbiate paura!».

Tra le possibili letture dell'esortazione, non crede Sua Santità che una potrebbe essere questa: molti hanno bisogno di essere rassicurati, di essere esortati a «non avere paura» di Cristo e del Suo Vangelo, perché temono che, se vi si riaccostassero, la loro vita sarebbe aggravata da esigenze viste non come una liberazione ma come un peso?

Quando il 22 ottobre 1978 pronunciai in piazza San Pietro le parole «Non abbiate paura!», non potevo rendermi del tutto conto di quanto lontano avrebbero portato me e la Chiesa intera. Il loro contenuto proveniva più dallo Spirito Santo, promesso dal Signore Gesù agli apostoli come Consolatore, che dall'uomo che le pronunciava. Tuttavia, con lo scorrere degli anni, le ho ricordate in varie circostanze.

L'esortazione «Non abbiate paura!» va letta in una dimensione molto ampia. In un certo senso, *era un'esortazione rivolta a tutti gli uomini*, un'esortazione a vincere la paura nell'attuale situazione mondiale, sia in Oriente sia in Occidente, tanto al Nord quanto al Sud.

Non abbiate paura di ciò che voi stessi avete creato, non abbiate paura nemmeno di tutto ciò che l'uomo ha prodotto e che sta diventando ogni giorno di più un pericolo per lui! Infine, non abbiate paura di voi stessi!

Perché non dobbiamo avere paura? Perché l'uomo è stato redento da Dio. Mentre pronunciavo tali parole in piazza San Pietro, avevo già la consapevolezza che la prima enciclica e tutto il pontificato avrebbero dovuto essere legati alla verità della redenzione. In essa si trova la più profonda affermazione di quel «Non abbiate paura!»: «Dio ha amato il mondo! Lo ha amato tanto da dare il suo Figlio unigenito!» (cfr. *Gv* 3,16). Questo Figlio permane nella storia dell'umanità come Redentore. La redenzione pervade tutta la storia dell'uomo, anche quella prima di Cristo, e prepara il suo futuro escatologico. È la luce che «splende nelle tenebre e che le tenebre non hanno accolto» (cfr. *Gv* 1,5). *La potenza della Croce di Cristo e della Sua Risurrezione è più grande di ogni male di cui l'uomo potrebbe e dovrebbe aver paura.*

A questo punto bisogna ancora una volta tornare al *Totus Tuus.* Nella sua precedente domanda lei parlava della Madre di Dio e delle numerose rivelazioni private che hanno avuto luogo specialmente negli ultimi due secoli. Ho risposto raccontando in quale modo la devozione mariana si sia sviluppata nella mia storia personale, a partire dalla mia città natale, attraverso il santuario di Kalwaria, fino a Jasna Góra. *Jasna Góra è entrata nella storia della mia patria nel secolo XVII, come una specie di «Non abbiate paura!» pronunciato da Cristo per bocca di Sua Madre.* Quando il 22 ottobre 1978 assunsi l'eredità romana del Ministero di Pietro, senza dubbio avevo profondamente impressa nella memoria, prima di tutto, questa esperienza mariana nella mia terra polacca.

«Non abbiate paura!» diceva Cristo agli apostoli (cfr. *Lc* 24,36) e alle donne (*Mt* 28,10) dopo la Risurrezione. Dai testi evangelici non risulta che destinataria della raccomandazione sia stata la Madonna. Forte della sua fede, ella «non ebbe paura». *Il modo in cui Maria partecipa alla vittoria di Cristo io l'ho conosciuto innanzitutto dall'esperienza della mia nazione.* Dalla bocca del cardinale Stefan Wyszyński sapevo anche che il suo predecessore, il cardinale August Hlond, morendo, aveva pronunciato queste significative parole: «La vittoria, se verrà, verrà per mezzo di Maria». Durante il mio ministero pastorale in Polonia, sono stato testimone del modo in cui quelle parole andavano realizzandosi.

Mentre entravo nei problemi della Chiesa universale, con l'elezione a Papa, portavo con me una simile convinzione: che, cioè, anche in questa dimensione universale, la vittoria, se verrà, sarà riportata da Maria. *Cristo vincerà per mezzo di lei, perché Egli vuole che le vittorie della Chiesa nel mondo contemporaneo e in quello futuro siano unite a lei.*

Avevo, dunque, tale convinzione, anche se allora sapevo ancora poco di *Fatima*. Presentivo, però, che c'era una certa continuità, a partire da La Salette, attraverso Lourdes, fino a Fatima. E, nel lontano passato, la nostra polacca Jasna Góra.

Ed ecco, giunse il *13 maggio 1981*. Quando venni colpito dal proiettile dell'attentatore in piazza San Pietro, non badai da principio al fatto che quello era proprio l'anniversario del giorno in cui Maria era apparsa ai tre fanciulli a Fatima, in Portogallo, rivolgendo loro quelle parole che, con la fine del secolo, sembrano avvicinarsi al loro compimento.

Con tale evento Cristo non ha forse detto, ancora una volta, il Suo «Non abbiate paura!»? Non ha ripetuto al Papa, alla Chiesa e, indirettamente, a tutta la famiglia umana queste parole pasquali?

Sul finire del secondo millennio, abbiamo forse più che mai bisogno delle parole del Cristo risorto: «Non abbiate paura!». Ne ha bisogno l'uomo che, anche dopo la caduta del comunismo, non ha cessato di temere e che, in verità, ha molte ragioni per provare dentro di sé un simile sentimento. Ne hanno bisogno le nazioni, quelle che sono rinate dopo la caduta dell'impero comunista, ma anche quelle che hanno assistito a questa esperienza dall'esterno. Ne hanno bisogno i popoli e le nazioni del mondo intero. *Occorre che nella loro coscienza riprenda vigore la certezza che esiste Qualcuno che tiene in mano le sorti di questo mondo che passa; Qualcuno che ha le chiavi della morte e degli inferi* (cfr. *Ap* 1,18); *Qualcuno che è l'Alfa e l'Omega della storia dell'uomo* (cfr. *Ap* 22,13), sia di quella individuale sia di quella collettiva. E questo Qualcuno è Amore (cfr. *1Gv* 4,8 e 16): Amore fatto uomo, Amore crocifisso e risorto, Amore incessantemente presente tra gli uomini. È Amore eucaristico. È fonte incessante di comunione. È solo Lui a dare la piena garanzia delle parole «Non abbiate paura!».

Lei osserva che l'uomo contemporaneo con fatica torna alla fede, perché lo spaventano le esigenze morali che la fede gli pone dinanzi. E questa, in una certa misura, è la verità. *Il Vangelo è sicuramente esigente.* Si sa che Cristo, a tale riguardo, non illudeva mai i Suoi discepoli e coloro che Lo ascoltavano. Al contrario, con molta fermezza li preparava a ogni genere di difficoltà interne ed esterne, sempre tenendo conto del fatto che essi potevano anche decidere di abbandonarLo. Dunque, se Egli dice «Non abbiate paura!», certamente non lo dice per annullare in qualche modo ciò che esige. Anzi, con queste parole conferma tutta la verità del Vangelo e tutte le richieste in esso contenute. Allo stesso tempo, però, rivela che *ciò che Egli esige non supera le possibilità dell'uomo.* Se l'uomo lo accetta in atteggiamento di fede, trova anche nella grazia, che Dio non gli fa mancare, la forza necessaria per farvi fronte. Il mondo è pieno di prove della forza salvifica e redentrice che i Vangeli annunciano, con enfasi anche maggiore di quella con cui ricordano le istanze morali. Quante sono nel mondo le persone che testimoniano nella loro vita quotidiana la praticabilità della morale evangelica! L'esperienza dimostra che una vita umana riuscita non può essere che come la loro.

Accettare ciò che il Vangelo esige vuol dire affermare tutta la propria umanità, vederne la bellezza voluta da Dio, riconoscendone, però, alla luce della potenza di Dio stesso, anche le debolezze: «Ciò che è impossibile agli uomini è possibile a Dio» (*Lc* 18,27).

Queste due dimensioni non possono essere separate tra loro: da una parte, le istanze della morale, poste da Dio all'uomo; dall'altra, le esigenze dell'amore salvifico, cioè il dono della grazia, cui Dio stesso in un certo senso si è obbligato. Che cos'altro è la redenzione di Cristo, se non proprio questo? *Dio vuole la salvezza dell'uomo, vuole il compimento dell'umanità secondo la misura da Lui stesso intesa,* e Cristo ha il diritto di dire che il giogo da Lui posto è dolce e il peso, in fin dei conti, leggero (cfr. *Mt* 11,30).

È cosa molto importante varcare la soglia della Speranza, non fermarsi davanti a essa, ma *lasciarsi condurre.* Penso che a questo si riferiscano anche le parole del grande poeta polacco Cyprian Norwid, il quale così definiva il principio più profondo dell'esistenza cristiana: «Non dietro a se stesso con la croce del Salvatore, ma dietro al Salvatore con la propria croce».

Ci sono tutte le ragioni perché la verità sulla Croce venga chiamata la Buona Novella.

35
Entrare nella Speranza

Santo Padre, alla luce di tutto quanto ha voluto dirci, e di cui Le siamo grati, dobbiamo dunque concludere che è davvero ingiustificato – e per l'uomo d'oggi più che mai – «avere paura» del Dio di Gesù Cristo? È ragionevolmente legittimo concludere, al contrario, che vale davvero la pena di «entrare nella Speranza», di scoprire (o riscoprire) che abbiamo un Padre, di riconoscere che siamo amati?

Il salmista dice: «Principio della sapienza è il timore del Signore» (cfr. *Sal* 110(111),10). Mi permetta di ricollegarmi a queste parole bibliche, per rispondere alla sua ultima domanda.

La Sacra Scrittura contiene un'esortazione insistente a esercitare il timor di Dio. Si tratta, qui, di quel timore che è *dono dello Spirito Santo*. Tra i doni dello Spirito Santo, indicati nelle parole di Isaia (cfr. 11,2), il dono del timor di Dio si trova all'ultimo posto, ma ciò non vuol significare che sia il meno importante, dato che proprio *il timor di Dio è principio della sapienza*. E la sapienza, tra i doni dello Spirito Santo, figura al primo posto. Perciò, all'uomo di tutti i tempi e, in particolare, all'uomo contemporaneo, *bisogna augurare il timor di Dio*.

Dalla Sacra Scrittura sappiamo anche che tale timore, principio della saggezza, nulla ha in comune con la *paura dello schiavo*. È *timore filiale*, non timore servile! L'impostazione hegeliana padrone-servo è estranea al Vangelo. È piuttosto un'impostazione propria di un mondo in cui Dio è assente. In un mondo in cui Dio è veramente presente, nel mondo della sapienza divina, può essere presente soltanto il timore filiale.

L'espressione autentica e piena di tale timore è il Cristo stesso. Cristo vuole che abbiamo paura di tutto ciò che è offesa a Dio. Lo vuole, perché è venuto nel mondo per liberare l'uomo nella libertà. L'uomo è libero mediante l'amore, perché l'amore è fonte di predilezione per tutto ciò che è buono. Tale amore, secondo le parole di san Giovanni, *scaccia ogni timore* (cfr. *1Gv* 4,18). Ogni segno di timore servile davanti alla severa potenza dell'Onnipotente e dell'Onnipresente sparisce e lascia il posto alla sollecitudine filiale, perché nel mondo si attui la Sua volontà, cioè il bene che ha in Lui il suo principio e il suo definitivo compimento.

Così, dunque, i santi di ogni tempo sono anche l'incarnazione del filiale amore di Cristo, che è fonte dell'amore francescano per le creature e anche dell'amore per la potenza salvifica della Croce, che restituisce al mondo l'equilibrio tra il bene e il male.

L'uomo contemporaneo è veramente mosso da un tale timore filiale di Dio, timore che è prima di tutto amore? Si può pensare, e le prove non mancano, che il paradigma di Hegel del padrone e del servo sia più presente nella consapevolezza dell'uomo di oggi che la sapienza, il cui principio sta nel timore filiale di Dio. Dal paradigma hegeliano nasce la filosofia della prepotenza. L'unica forza in grado di regolare efficacemente i conti con questa filosofia è rinvenibile nel Vangelo di Cristo, nel quale l'impostazione padrone-servo si è radicalmente trasformata nell'impostazione *padre-figlio*.

L'impostazione padre-figlio è perenne. È più antica della storia dell'uomo. I «raggi di paternità» in essa contenuti appartengono al Mistero trinitario di Dio stesso, che s'irradia da Lui verso l'uomo e verso la sua storia.

Ciononostante, come si sa dalla Rivelazione, in questa storia i «raggi di paternità» incontrano una prima resistenza nel dato oscuro ma reale del peccato originale. *Questa è veramente la chiave per interpretare la realtà.* Il peccato originale non è solo la violazione di una volontà positiva di Dio ma anche, e soprattutto, della *motivazione che vi sta dietro. Esso tende quindi ad abolire la paternità,* distruggendone i raggi che pervadono il mondo creato, mettendo in dubbio la verità su Dio che è Amore e lasciando la sola consapevolezza del padrone e del servo. Così, il Signore appare geloso del Suo potere sul mondo e sull'uomo; di conseguenza, l'uomo si sente provocato alla lotta contro Dio. Non diversamente che in ogni epoca della storia, l'uomo schiavizzato si vede spinto a schierarsi contro il padrone che lo teneva in schiavitù.

Dopo quanto ho detto, potrei racchiudere la mia risposta nel seguente *paradosso: per liberare l'uomo contemporaneo dalla paura* di se stesso, del mondo, degli altri uomini, delle potenze terrene, dei sistemi oppressivi, per liberarlo da ogni sintomo di una paura servile nei confronti di quella «forza prevalente» che il credente chiama Dio, *occorre augurargli di tutto cuore di portare e di coltivare nel suo cuore il vero timor di Dio*, che è principio della sapienza.

Tale timor di Dio è la *forza salvifica del Vangelo*. È timore creativo, mai distruttivo. Genera uomini che si lasciano guidare dalla responsabilità, dall'amore responsabile. Genera uomini santi, cioè veri cristiani, ai quali il futuro del mondo in definitiva appartiene. Certamente aveva ragione André Malraux, quando diceva che il XXI secolo o sarà il secolo della religione o non sarà affatto.

Il Papa che ha cominciato il suo pontificato con le parole «Non abbiate paura!» cerca di essere pienamente fedele a tale esortazione ed è sempre pronto a servire l'uomo, le nazioni e l'umanità nello spirito di questa verità evangelica.

Citazioni bibliche
e documenti del Magistero

Elenco delle abbreviazioni

Es	Esodo
Ez	Ezechiele
Gb	Giobbe
Gn	Genesi
Is	Isaia
Prv	Proverbi
Sal	Salmi

Ap	Apocalisse
At	Atti degli Apostoli
Col	Lettera ai Colossesi
1-2 Cor	Lettere ai Corinti
Eb	Lettera agli Ebrei
Ef	Lettera agli Efesini
Fil	Lettera ai Filippesi
Gal	Lettera ai Galati
Gv	Giovanni
1Gv	Prima Lettera di Giovanni
Lc	Luca
Mc	Marco
Mt	Matteo
1-2 Pt	Lettere di Pietro
Rm	Lettera ai Romani
1-2 Tm	Lettere a Timoteo

GS	Gaudium et spes
LG	Lumen gentium